<small>今日から使える</small>

中学校国語
指導技術
アイデア事典

60 Skills for the Teachers of Japanese Language

鈴木一史 編著／授業づくり研究会 著

明治図書

　すばらしい建築物には，優れた設計図があります。設計図は見た目だけの外観のデザインとは異なり，建物の強度や機能性，中で過ごすときの人間の動きなどが考慮されてつくられます。そして，その図面を基に，実際の建物が建てられていきます。

　学習指導案は，授業の設計図と言えるでしょう。そこで，設計図と指導案とを比べつつ，似ているところと異なっているところを考えてみたいと思います。そして，本書の眼目である「技術」「技」といったものが，このこととどう関係しているかを最後に考えていきます。

　まず，似ているところですが，1つめは，建物も授業もまず設計する必要があります。「授業計画」という言葉とともに，近年では「授業設計」「授業デザイン」という言葉が使われています。これも，現実の建物を建てるのに十分な計画が必要であることと同じです。また，この計画には，建物の強度設計と同じように，考慮しなければならないことがあります。その大きな1つが学習指導要領の目標であり，学習者のどのような力を伸ばすのかといった具体的な指導事項です。次に考えなければならないことは，「教材」「学習材」です。建物も計画通りの材料を使わなければ脆くなってしまいます。いかに外観はそれらしく組み立てられたとしても，住み始める前に傾いているようでは，建物になりません。そこで，どのような材料でつくるのかも考えて設計します。これらの大切な要素が抜け落ちてしまうと，張りぼてのような授業になります。授業の様子で例えると，生徒はとてもよく発言したり動いたりしているように見えて，何の言語能力もついていない，というような，活動だけの授業ということになるでしょうか。

　次に似ているところは，指導案や設計図がなくても，実際につくることができるという点です。熟練工は，簡単な建築物ならば，精密な設計図がなくても，見事に木を組み合わせてつくり上げてしまいます。同様に，熟達した

先生は，指導案を書かなくても，すばらしい授業を行うことができます。しかし，そこに到達できたのは，何度も設計図をかき，失敗しながら編み出してきた技があるからこそでしょう。ここを間違えると，一見うまくいっているようでも，張りぼて授業になってしまいます。

　異なっているところは，建物を建てるのと違い，同じ授業はなかなかできないというところです。これが，教育の難しいところであり，教育のすばらしさでもあります。教育は人間と人間とのかかわりが基本です。工業製品のように画一的ではありません。だから，設計図があれば，だれがどのようにつくっても同じようにできる建築物とは異なり，すばらしい指導案でも，実際に授業をやってみると，うまくいかないことが多々あります。現在，様々な指導案集や指導書などがありますが，まったくその通りに進むことはなかなかありません。反対に，まったく同じように進められたとしたら，それは生徒を人間として扱っていないからかもしれません。

　では，なぜ指導案をつくるのでしょうか。それは，自分の授業力を高めるためです。そして，その授業がどのような目的でなされているのかを他者に知ってもらうためです。ですから，「学習指導案」は「案」という文字がついていて，その「案」という文字はいつまでも外れることがないのです。それでは，人の指導案は役に立たないのでしょうか。そんなことはありません。しかし，人の指導案を自分の役に立つものにすることの一番大切な技が，指導案には抜けています。これは指導案そのものの性質と言えるでしょう。設計図には書かれない長年の経験によって蓄積された技。この本には，その「技」が数多く書かれています。

　本書には様々な技が含まれていますが，授業の中でいろいろと試し活用することで，自分のオリジナルな技として体得し，豊かな学習活動を伴った国語教室になることを願っています。

2018年５月

鈴木　一史

はじめに

第1章 国語教室の技は学びの技 言語生活に生きる技を使おう

1　「技」とは何か　……8
2　指導の技・学びの技　……9
3　技と思考　……11

第2章 今日から使える国語の指導技術 60

アイテム活用

語彙を増やすミニノート活用の技術　……14
学び合いを活性化するマグネット活用の技術　……16
意見交流を円滑にするホワイトボード活用の技術　……18
見通しをもって課題に取り組ませるための提出表活用の技術　……20
事実と意見を明確にする付箋活用の技術　……22
書く活動の個人差に対応する学習チャート活用の技術❶　……24
書く活動の個人差に対応する学習チャート活用の技術❷　……26
言語感覚を磨き語彙を増やす類語辞典活用の技術　……28
正しく，速く書く力を伸ばす視写ファイル活用の技術　……30
作品を俯瞰的に読めるようにするワークシート活用の技術　……32
生徒の期待感や関心を高める写真活用の技術　……34
穂先の動きをつかませるための2種類の墨汁活用の技術　……36
毛筆の筆を立たせて書くことを意識させる「水」活用の技術　……38

CONTENTS
もくじ

発問

説明的文章をクリティカルに読ませる3つの問いの技術	……40
生徒の発言をつなぐ指示と発問の技術	……42
物語の基本情報に着目させる発問の技術	……44
キーワードに着目して筆者の主張をとらえさせる発問の技術	……46
指示が通りやすくなる「導入の導入」発問の技術	……48

指名・発表

相手意識が育つ発表の技術	……50
指名のかたよりを減らす技術	……52
生徒の発表に対する不安を軽減する技術	……54

板書

バランスよく文字を書く技術	……56
まっすぐ文字を書く技術	……58
学習の見通しをもたせる技術	……60
大型テレビを活用した補助板書の技術	……62
詩の形式をしっかりとらえる技術	……64

ノート指導

どの生徒も授業の振り返りをできるようにする技術	……66
どの生徒も書きたいテーマが見つけられる思考ツール活用の技術	……68
考えながら学習させるノートづくりの技術	……70

ワークシート

- 作文を読み合う活動が深まるワークシートづくりの技術 ……72
- 話し合いの方向性を見失わないワークシートづくりの技術 ……74
- 文学的文章の読み取りを効果的に行うワークシートづくりの技術 ……76
- 聴き合いを促進するワークシートづくりの技術 ……78
- 苦手な生徒もスムーズに音読できるワークシートづくりの技術 ……80
- オノマトペの意味をとらえ，語感を育てるワークシートづくりの技術 ……82
- 苦手な生徒も文法学習に取り組みやすいワークシートづくりの技術 ……84

ペア学習

- 傾聴の姿勢を育てる技術❶ ……86
- 傾聴の姿勢を育てる技術❷ ……88
- 理解しようとしながら話を聞けるようにする技術 ……90
- ペアで説明文の内容をつかませる技術 ……92
- 短時間で集中して音読できるようにする技術 ……94
- 古文の音読を楽しみながら上達させる技術 ……96

学習環境

- 単元のゴールを掲示物に生かす技術 ……98
- 古典作品を身近に感じさせる技術 ……100
- クラスの語彙が自然に増える掲示の技術 ……102
- 日常的に古典に親しませる技術 ……104
- 言葉に対する感度を上げる名言集めの技術 ……106
- 書写授業の準備・片づけシステムづくりの技術 ……108

CONTENTS もくじ

グループ学習

グループ学習を活性化する役割分担，位置関係づくりの技術	……110
話し合いを促進する接続表現カード活用の技術	……112
付箋で考えを分類・集約させる技術	……114
全員を主体的な学びに向かわせるグループ再構成の技術	……116
調べ学習を高速化させる技術	……118
話し合いを活性化させるキラーフレーズ活用の技術	……120
明確な方向性をもって話し合いができるようにする技術	……122
質問の質を上げる技術	……124
一人ひとりの考えをつなげてグループの意見をまとめさせる技術	……126

宿題

短作文を書く力を育てる技術	……128
語彙を増やす新出漢字習得の技術	……130
やる気を引き出し，達成感を味わわせる宿題チェックの技術	……132

第1章 国語教室の技は学びの技　言語生活に生きる技を使おう

茨城大学教育学部　**鈴木一史**

1 「技」とは何か

　「技」という字はどういう意味をもっているのでしょう。
　「技」の旁である「支」は，字の成り立ちとして，右手で竹を持っている様子を表しています。ここから，何かを支えるという意味が生じてきます。そして，手偏がつくと技になり，木偏がつくと枝になります。

　樹には根と幹と枝とがあります。「物事の根幹」と言うように，地下の大切な部分が根ならば，地上の大切なところは幹です。したがって，根や幹がなければ枝も必要ありません。根と幹があるからこそ，樹は育ちます。しかし，その幹を支えているものが枝です。植物は枝にある葉から栄養を取り込み，大きく繁っていきます。大きな木ほど立派な枝振りとなります。もし，枝がなければどうなるでしょう。栄養が行き届かず，立ち枯れの木になってしまいます。
　さて，一方の「技」ですが，こちらも，木の枝のように考えられます。授業の中心となるのは，幹である指導目標が明確になっている指導案であり，それを実現した授業そのものです。1時間の授業の中で，時間の流れとともに学習者の思考が深まっていくことが大切です。しかし，この授業という幹を成立させるためには，幹に栄養を送る必要があります。それが根と枝です。

根が教材研究という授業をするまでに隠れた努力ならば，枝は授業を成立させその時間を支える様々な技です。それが，本書に示された一つひとつの指導技術であり学習方略です。技は授業全体にわたって存在し，授業を成り立たせています。授業者が技のバリエーションを多くもち，必要なときに必要なだけ学習者に提示しつつ授業を進めていくとき，そこには大きな実りがあり，学習者の学びがあります。授業全体としての大樹となると言ってもよいでしょう。これが，幹だけではうまく木は育ちません。栄養が行き渡らないからです。学習者一人ひとりに栄養を行き渡らせる，つまり，学習者のすべてが学習しているという状況にするためには，多くの技が必要です。

2 指導の技・学びの技

　国語科の授業として，言葉による見方・考え方の学習を中心に据えつつも，それを支えるには「技」が必要です。そしてその技は，基本的には授業者のためのものです。教師は指導案を書き，授業をし，検討会などを経て，さらによりよい授業を目指します。多くの授業を経験した教師は，授業の進め方はもちろん，間の取り方や学習者の反応など，様々な経験的知見を積み上げていきます。その過程で，指導技術としての様々な技も身につけていきます。しかし，当然のことながら，技を獲得することは時間がかかります。生徒たちとの実際のやり取りを多く経験し，経験則の中から編み出していかなければならないからです。そこで，この技を早く獲得するために，先輩の授業を見たり，職員室での何気ない会話で教えてもらったりしながら，自分の授業でも使える方法がないかを考え，取り入れていくという授業方法の伝達が行われてきました。

　ところが，教師の業務の多岐・多様化にともない，他の教師の授業を見る時間的余裕がなくなっている昨今では，この経験的知見を獲得することが難しくなっています。以前は「盗めた」技も，現在は自分ではじめから経験しつつ，試行錯誤しながら獲得していかなければなりません。そこで，技の継

承をスムースにするためには，学習指導案に書かれずに見えにくかった授業内の指導手腕を「見える化」する必要があります。技の内容は，授業自体の進め方であったり，話し合いの仕方であったり，黒板の使い方であったり，ノートの取り方であったり，宿題の出し方であったり，と多岐にわたります。それらを学習指導の過程の中に，適切に組み込むことで，学習そのものも成立していきます。

　しかし，このような指導技術は先生がうまく授業を進めるためだけのものでしょうか。私はそうは考えません。個の様々な指導技術は，学習者が自分で学び，使っていこうとするときにさらに効果を発揮します。様々な学習経験こそが，学習者に自立的学習を促し，主体的な学習へと向かわせます。技は，指導事項を達成するためには必要不可欠な指導方法でありながら，指導案には表れない学習の進め方であり，学習方法でもあります。したがって，この技を授業で用いることによって，学習者はどのように学習を進めていけばよいのかという，学習方略まで学習することになります。自主的な学習が求められる今だからこそ，学習者自身に学び方を示す必要があります。

　では，なぜこの自学が必要なのでしょうか。それは，学校教育としての義務教育期間を過ぎても，社会生活で必要だからです。どうすれば議論が深まるのか，わかりにくい本を読んだときにどうすれば整理されるのか，他者に指示するときにはどうするとわかりやすく伝わりやすいかなど，教師にとって大切なことだけでなく，社会人として必要なことも含まれています。

　国語教師が学習者に行わせる学習には，教科内容と学習方法の２つが必要です。教科内容として覚えさせなければならないこともあるでしょう。しかし，自分の言語能力を高めていくための方法を教え，体験させることも大切です。畳の上の水練のように理屈だけ教えても，学習者の実際の言語生活にはあまり意味をもちません。

　技というのはこのように，授業者のための技術と学習者のための方法という二面性をもっています。この二面性を理解しつつ授業に向き合うことが，国語教師としての責務です。

3 技と思考

　国語は，すべての教科の基礎・基本です。この理由は，すべての教科学習が国語である日本語で行われることももちろんですが，言語の学習によって，すべての思考そのものの訓練にもなっているからです。したがって，国語は，学習方法・学習方略の面でも基礎・基本としての役割を担っています。

　学習指導には様々な技がありますが，特に重要だと考えられるものを分類し，以下の10の観点にまとめました。

　　　　○アイテム活用　　　○ワークシート
　　　　○発問　　　　　　　○ペア学習
　　　　○指名・発表　　　　○学習環境
　　　　○板書　　　　　　　○グループ学習
　　　　○ノート指導　　　　○宿題

　これらの観点は，一連の学習過程の中で学習者が経験する内容です。これは１時間の授業ですべて網羅されることではありません。3年間を通して，繰り返し出合うかもしれません。また教材の特性によって一度しか出合わないこともあります。しかし，これらの技は，国語の授業内だけで完結するものではなく，様々な学習場面で使うことができます。

　具体的な技を例にあげれば，アイテム活用の最初に「語彙を増やすミニノート活用の技術」があります。これは，気になった語句について，意味を中心としていろいろな情報を書き込んでファイリングしていく方法です。国語では，語彙を増やすことに機能しますが，このファイリングという学習方法は他の教科でも使うことができます。しかし，他の教科では，教科内容が先行し，方法まではなかなか手が回りません。そこで，国語で言葉についての学習方法を経験することによって，他教科でも使えるやり方を学ぶことになります。つまり技とは，教員が授業するときに，学習者に行わせる方法では

ありますが，同時に，学習者自身が学び，自分の学習に取り入れて使う方略でもあります。

　現在，すべての教科において「思考力，判断力，表現力等」の育成が求められていますが，国語において，思考力の育成を保証するものは何でしょうか。それは，言葉です。物事を比較したり，分類したり，一般化したり，評価したり，思考力には様々な種類があります。しかし，それは頭の中なので見ることができません。そこで，様々な思考をしていることを表現する必要があります。例えば，「〇〇と〇〇を比べると」（比較）や「なぜそのように言えるのか」（理由），「他には…」（拡散），「要するに…」（収束）など，具体的な言葉で表すことによって，どのような考え方をしているのかがわかります。重要なのは，このような言葉を使うことによって，思考の方向性が定まり，思考力が高まるということです。

　本書の中には，思考を整理したり，進めたりする技がちりばめられています。例えば，「生徒の発言をつなぐ指示と発問」では，いろいろな言葉が生徒の意見をつないで活発にする方法が記されています。なぜ活発になるのかと言えば，学習者の思考が整理されて表現されるからです。生徒には直接「思考」という言葉を使わなくても，どのように考えを進めていけばよいのかを具体的な言葉によって示しています。また，「話し合いを促進する接続表現カード」では，話し合いのためのツールに見えますが，本当は学習者自身の考えを整理し明確にするための言葉なのです。

　このように，言葉と思考が密接な関係をもっていることを踏まえて，技も考えられています。つまり，どの教科でも使うことができ，社会に出てからも必要とされる能力であり，それを技という形で提案しました。敷衍性のある指導技術は豊かな国語教室を生みます。なぜならば，そこでは生徒一人ひとりの学習が成立し，教室の外に出たときに真価が発揮される学習へと変化するからです。

第2章 今日から使える
国語の指導技術 60

アイテム活用	……14	ワークシート	……72
発問	……40	ペア学習	……86
指名・発表	……50	学習環境	……98
板書	……56	グループ学習	……110
ノート指導	……66	宿題	……128

> アイテム活用

語彙を増やす
ミニノート活用の技術

POINT

- A5サイズのルーズリーフを使わせるべし！
- 分類ごとに色分けさせるべし！

1 A5サイズのルーズリーフを使わせる

　語彙の数を増やすには，気になった語彙を書き，蓄積するためのアイテムが必要です。そこで，A5のルーズリーフを使います。1つの語句に1枚です。ルーズリーフを使うのは持ち運びが便利だからです。表には語句・意味・類義語等，裏には文例を書きます。類義語等を書くのは，似た言葉の差異に気づいたり，違う言葉で言い換える力をつけたりするためです。書いたものはファイルに蓄積します。

2 分類ごとに色分けさせる

　ルーズリーフに書いた語彙を4つの項目に分類し，蛍光ペンで色分けします。「気持ちを表す語彙（黄色）」「行動を表す語彙（赤）」「様子を表す語彙（緑）」「抽象的な語彙（人間・社会・自然について考えるときに使う）（青）」です（フリクションの蛍光ペンだと消せるので便利です）。

　語彙のミニノートは自分が作文等を書く際にも活用させます。使った言葉には，語句の下に○印をつけるようにします。ルーズリーフをたくさん書いた生徒や，○をたくさん書いた生徒は称賛して意欲づけをはかりましょう。定期的に数を競うコンテストなどを開くのも効果的です。

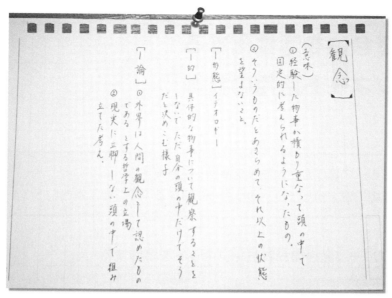

Ａ５サイズのルーズリーフに意味や類義語等を書き込みます

同じ項目ごとに分類してファイリングします

アイテム活用

学び合いを活性化する
マグネット活用の技術

POINT

- グループ名が書かれたマグネットを準備するべし！
- 自由に班を組んだり，助け合ったりする環境を整えるべし！

1 グループ名が書かれたマグネットを準備する

　グループでの学び合いは，意見交流を含め，生徒の思考を活性化させるために大変有効なものです。しかし，3人，または4人だけの学びに収束してしまったり，学びが滞ってしまったりする危険性もあります。そこで，黒板にグループ名が書かれたマグネットを貼り，課題が解決した班からそのマグネットに〇をつけていきます。すると，「△△班はもう終わった」「◇◇班は困っている」などという情報が，適宜発信されることになります。その状況によって，生徒が新たな発想を得るために助言をもらいに行ったり，また困っている班を助けたりする交流が自然に促されていきます。

2 自由に班を組んだり，助け合ったりする環境を整える

　このような活動を進めていくと，生徒が自分の判断で席を立って移動したり，必要な人数を集めたりといった姿が見られるようになります。その姿を教師が肯定的に受け止め，よりよくコーディネートしていこうとする姿勢が大切です。また，それぞれの班のスペースを十分に確保するよう，教室を広く使ってみてください。生徒が自ら必要に応じて班を形成することで，豊かな学びが生み出されていきます。

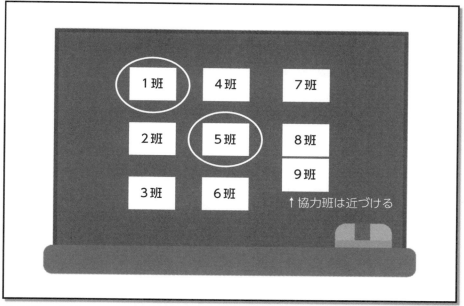

●活用の方法
　・各グループの班の隊形に合わせて，黒板にマグネットを貼る。
　・2つの班が協力する場合などは，マグネットを近づける。
　・課題を解決できた班は，マグネットに○をつける。
　・黒板を見ながらまわりの班の状況を把握し，自由に助言をしたり，もらったりできるようにする。
　・課題解決につまずいている班を把握し，助言を与える。

　以上のような方法を用いて，すべての班に○がついたら，全員が課題を解決できた状態となります。このようにして，生徒たちの「できた」「わかった」を演出し，みんなでその状態に到達できたことを喜び合うことが大切です。
　この技によって，学びが深まるだけでなく，生徒同士の"つながり感"を醸成することができます。
　ちょっとした工夫ですが，大きな効果を実感できるはずです。

> アイテム活用

意見交流を円滑にする
ホワイトボード活用の技術

POINT

- ●書く内容を短くさせるべし！
- ●書き込まれた内容を吟味する時間を確保するべし！

1 書く内容を短くさせる

　グループ活動での意見交流は，自グループはもちろん，他グループとの交流も自分たちの考えを深めていくうえで大切です。

　意見交流をする際には，意見を記入したホワイトボードを移動させ，他グループに意見やアドバイスを書き込んでもらいます。自分たちの考えはホワイトボードの中央に，他グループはそれを囲むように書き，内容はできるだけ短くなるようにします。

2 書き込まれた内容を吟味する時間を確保する

　各グループの進度を見て，「あと2分でホワイトボードを回します」とホワイトボードを回す時間を示し，時間がきたら一斉にホワイトボードを次のグループに回します。ホワイトボードに旅をさせるルートを予め告げておき，どのグループのホワイトボードにも書き込めるようにします。自分たちのホワイトボードが旅を終えて戻ってくるまでこの活動を繰り返します。

　自分たちのホワイトボードが戻ってきたら，書き込まれた意見やアドバイスを基に，再度自分たちの考えを吟味し，さらに深めていきます。

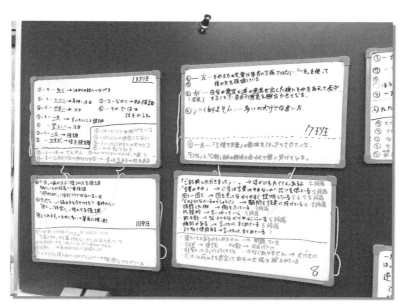

ホワイトボードに書く内容は短く

ホワイトボードに記入している様子

> アイテム活用

見通しをもって課題に取り組ませるための提出表活用の技術

POINT

- 提出表を問題集に貼らせるべし！
- 提出時期を掲載するべし！

1 提出表を問題集に貼らせる

　自主学習や定期テストに向けての学習として，問題集を活用することは多いと思います。また，その際には，提出期限を設け，教師に提出させることがほとんどだと思います。

　ここでは，その問題集の提出において，生徒にも教師にもメリットのある技を紹介します。

　新しく配付する問題集に必要なもの，それは「提出表」です。

　形式は様々なものが考えられるので，最初のうちはいろいろなパターンを作成し，実際に試してみるとよいでしょう。教師自身の使いやすさはもちろん，生徒にとっても使いやすいものが一番です。

　提出表には教師のチェック欄を設け，提出されたらスタンプを押して返却します。

　また，提出表は，問題集の表紙の裏に貼らせるようにすると，範囲や進度，提出の有無がいつでも確認ができます。

2 提出時期を掲載する

　範囲表には，目安の提出時期を必ず入れるようにします。そうすることで，生徒自身がいつまでにどれくらい進めておけばよいか，学習の見通しをもつことができます。

　また，提出範囲があらかじめ決まっているので，教師側からは提出日の連絡だけで済み，範囲やページ数の伝達ミスも防げます。

２年　徹底演習テキスト　提出表②

> 提出されたらスタンプを押して返却します。

番号	項目			ページ数	提出	予定
15	第5章	文学的文章（2）	10　随筆	P.80～85		１１月
16				P.86～91		
17			11　小説	P.92～97		
18				P.98～105		
19	第6章	説明的文章（2）	12　説明文	P.106～111		１２月
20				P.112～115		
21			13　論説文	P.116～121		１月
22				P.122～127		
23	第7章	詩・短歌・俳句（2）	14　詩	P.128～133		２月
24			15　短歌・俳句	P.134～137		
25			16　融合問題	P.138～141		
26	第8章	古文（2）	17　古文	P.142～147		３月
27			18　融合問題	P.148～155		
28		実力強化対策	1・2・3・4	P.156～176		冬休み

> 目安の提出期限を入れると，学習の見通しをもつことができます。

提出表は問題集の表紙の裏に貼らせます

ア イテム活用

事実と意見を明確にする
付箋活用の技術

POINT

- ●色の区別を明確にするべし！
- ●並べ替えて構成を可視化させるべし！

1 色の区別を明確にする

　付箋が便利なのは、貼ったりはがしたりが可能であること、色のバリエーションが豊富なことです。
　その特長を、説明的文章を書いたり読んだりする際、事実と意見を明確にすることに利用します。

・水色…取材した事実（書かれている事実）
・黄色…自分の意見（筆者の意見）
・桃色…その他（事実か意見か迷うもの）　　（　）は読む場合

　書くときはメモ程度に要点を、読むときは形式段落の番号を、それぞれ付箋に記入させます。

2 並べ替えて構成を可視化させる

　説明的文章を書く場合、付箋に要点をメモした後、どのような順番で書いたらよいか、付箋を並べ替えながら考えていきます。意見を述べてから根拠となる事実を述べた方がよいのか、それとも、事実を述べてから意見を述べ

た方が読み手にわかりやすいのか，付箋を並べ替えながら試行錯誤することができます。

　読むときは，文章の段落構成に合わせて付箋を並べていきます。

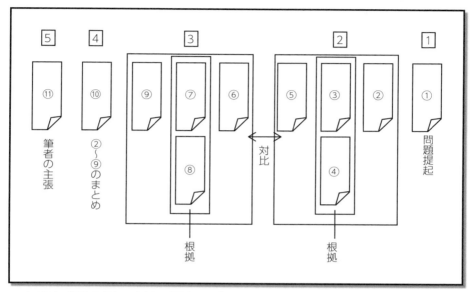

　上は完成形の例ですが，個人やグループ活動で，筆者がどこに，何を書いているかを考えながら付箋を並べ替え，必要なことをメモしていきます。このように並べていくと，どこに事実が書かれていて，どこに意見が書かれているか，また，文章全体がどのような構成になっているかが一目瞭然です。

　付箋の色や大きさは，活動の内容や書かせる量によって選択しましょう。記入することがそれほど多くないのであれば75㎜×25㎜が縦書きに対応しやすく，ノートやワークシートに貼るにも適当な大きさです。

　また，付箋を活用するときに気をつけなくてはならないこととして，色の選び方があります。今回は，一般的によく使われる３色で紹介しましたが，色覚に障害があり，水色とピンクの付箋の識別が難しい生徒がいる場合もあります。最近は付箋もカラフルになり，蛍光色のものも出てきたりしていますが，カラーユニバーサルデザインの視点から色を選択してください。

アイテム活用

書く活動の個人差に対応する
学習チャート活用の技術❶

POINT

- 活動の目標を細かく設定するべし！
- 生徒のつまずきを予想するべし！

1 活動の目標を細かく設定する

　書くことの授業では，右ページのような学習チャートがあると，個人差に対応しやすくなります。

　学習チャートは，課題設定・取材，構成，記述，推敲，それぞれの段階の目標を具体的に設定し，「はい」か「いいえ」で答えられる疑問文にします。特に，取材が不十分だとその先の活動が滞るので，ここで「いいえ」となった場合は，友だちや教師に相談するよう誘導します。

2 生徒のつまずきを予想する

　教師は，生徒がチャートに沿って活動していったとき，どこでどのようにつまずくかを予想します。つまずいたときにどこまで戻ればよいのかは，どのようなステップを設定するかによって異なりますが，生徒が書けない原因は，何を書いたらよいかわからない，つまり，書くための情報をうまく整理できていない場合が多いものです。ですから，チャート上で材料整理の段階に戻り，整理の仕方を見直すと，その先の活動が進めやすくなります。

　チャートをつくるときには，クラスの書くことが苦手な生徒の姿を具体的にイメージすると目標設定やつまずきの予想がしやすくなります。

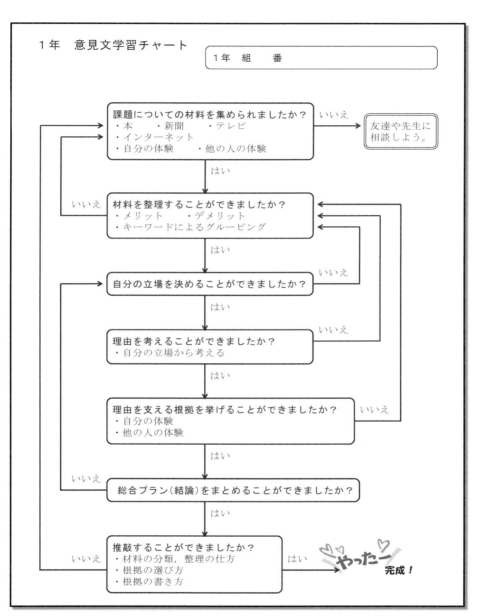

学習チャートの具体例

アイテム活用

書く活動の個人差に対応する学習チャート活用の技術❷

POINT
- ゴールを明確にしてスモールステップで活動させるべし！
- チャートで進捗状況を確認するべし！

1 ゴールを明確にしてスモールステップで活動させる

　書くことの授業は個別の活動が多く，個人差に対応するのが大変です。そこで一人ひとりの進度に合わせられるよう学習チャートを活用します。

　重要なことは，活動のゴールが何かをあらかじめ明確に示すということです。また，何時間でゴールすればよいかといったことも学級全体で共有し，チャートに沿って学習を進めさせます。

　右ページのチャートは，スモールステップで目標が設定され，行き詰まったときにヒントとなる情報が箇条書きで示されているので，粘り強く活動に取り組むことができ，達成感を味わうことができます。

2 チャートで進捗状況を確認する

　教師は，生徒がチャートのどの活動をしているか，机間指導をしながら確認します。そのときに，教師自身もチャートと生徒のワークシート等を見ながら，アドバイスをします。ちょっとヒントを与えるだけでよい生徒には，友だちからのアドバイスという形でもよいでしょう。

　そうすることで，つまずいている生徒への個別指導の時間を多く取ることができます。

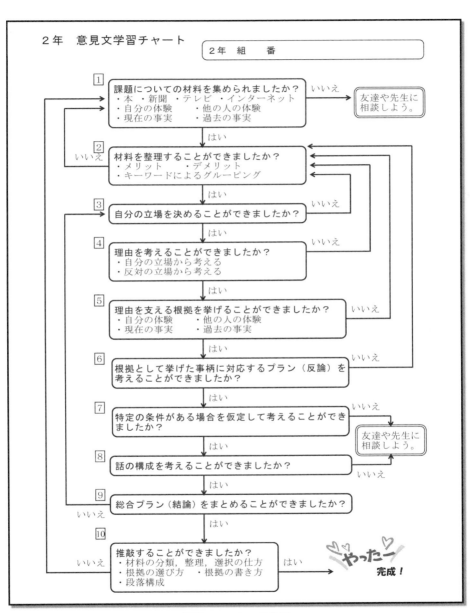

学習チャートの具体例

> アイテム活用

言語感覚を磨き語彙を増やす
類語辞典活用の技術

- 2人に1冊準備するべし！
- 複数の種類を用意するべし！

　国語辞典を日常的に使用している授業はよく見られますが，そこに類語辞典を加えてみましょう。特に，話す，書く活動のときに活用すると，言葉の世界が一気に広がります。

1　2人に1冊準備する

　類語辞典は，生徒にとってあまりなじみのある辞典ではありません。まずは生徒の身近なものになるように，国語の授業の時は2人に1冊，少なくともグループに1冊は用意しておきます。スピーチ等の原稿や文章を書くときには，1人1冊使用できる状態にしておくのが理想的です。

　しかし，類語辞典を生徒一人ひとりに用意させることは難しいので，可能な限りでかき集めて箱などに入れておき，国語の授業のたびに持ち運んで，生徒が使いたいときに使える状況にしておきます。

　類語辞典には，似たような意味であっても微妙にニュアンスの違う言葉が並んでいます。

　例えば，那須与一が扇の的を射たときの気持ちを表現する時に生徒がよく「安心した」という言葉を使います。そこで，「安心」を類語辞典で調べてみると，以下のようにたくさんの言葉が出ています。

> 安堵，人心地，安楽，平安，安らぎ，沈静，安静，平穏，安穏，中庸，中道，緩和，頃合，節度，安泰，危なげない，堅実，無事，無難……

　与一の心情にしっくりくるものとして「無難」は明らかに違うだろうというのは生徒もわかるかもしれません。
　では，「安堵」という言葉はどうでしょうか。「安心」と同様，「不安や心配がなく心が落ち着いている状態」を表しますが，国語辞典で調べてみると，「安堵」の方には「安心」以上に「ほっとした」というニュアンスがあります。そう考えると，与一の心情としては，「安心」よりも「安堵」の方がより適しているのではないかと言えます。
　このように，国語辞典だけでなく類語辞典を使用することで，語彙を増やすとともに，語感の違いを身につけていくことができます。

2 複数の種類を用意する

　国語辞典で同じ言葉を調べても，辞典によって意味の説明が微妙に違うことがあります。同様に，類語辞典も，掲載されている言葉や説明が異なります。生徒が自分の考えを表現するときに，よりよい言葉を選択できるように，複数の類語辞典を用意しましょう。
　特に，文章の記述や推敲の段階で類語辞典を使うと効果的です。その際にグループ活動を取り入れると，言語感覚の鋭い生徒が「〇〇ということを伝えたいなら，もっと別の表現の方がいいんじゃない？」などと言ってくれます。そのときに類語辞典が複数あると，指摘した生徒もされた生徒も多くの言葉に触れることができます。生徒同士で出てこないときは，教師から，「〇〇ということがもっとよく伝わる言葉はないかな？」などと問いかけましょう。
　このように，日頃から類語辞典を使って学習していると，ちょっとした言葉でも「おや？」と思うことができる生徒が増えてきます。

アイテム活用

正しく，速く書く力を伸ばす
視写ファイル活用の技術

POINT

- ●継続的に視写に取り組ませるべし！
- ●原稿用紙を使い，Ｂ４ファイルに綴じるべし！

　テストなどで，「本文中から書き抜きましょう」という指示があっても，正しく書き抜くことができないという生徒は少なくありません。書かれていることをそっくりそのまま書き写すのは，実はなかなか難しいものです。

　そこで，視写の経験をたくさん積むことができるようにその場を確保し，単に視写をさせるだけでなく，視写したものを学習に生かしていきます。

1 継続的に視写に取り組ませる

　視写は，漢字で書かなければならないところは漢字で，ひらがなはひらがなで，句読点も正しく打ち，間を開けるところも正しく開けなければなりません。さらに，速く書くことが重要です。このような正しく速く書く力をつけることは，国語の学習の中でしかできません。

　「漢字は漢字で，ひらがなはひらがなで，そっくりそのまま写しなさい」
　「句読点や空白も本文通り正しく書き写します」
　「それでは〇分で〇ページの〇行まで。スタート」

　このような指示を出します。時間は５〜10分程度で行います。

　詩でも，物語でも，説明文でもよいので，継続的に取り組み，経験を積ませることが大切です。さらに，教師がきちんと生徒の状況を把握しなければなりません。チェックを入れずに放っておくと，だんだんいい加減になって

いきます。終わらなければ宿題などにして,全員が終わるようにしましょう。

2 原稿用紙を使い,B4ファイルに綴じる

　1でも述べましたが,視写したものは,教師が必ずチェックを入れます。その際,ノートに書かせるよりも原稿用紙に書かせる方が間違いを見つけやすくなります。それは,重ねて1枚ずつめくっていけば,簡単に写し間違いをしている生徒を見つけられるからです。

　また,視写したものは,なるべく学習で活用していきましょう。生徒自身が教材をつくることになり,事前にしっかりと文章を読むことになるからです。そのためには,原稿用紙をそのまま閉じることができるB4のフラットファイルがおすすめです。折る手間が無く,そのまま学習で使うことができます。本文中に,生徒の気づきや学習内容をどんどん書き込むこともできます。さらに,ファイルに原稿用紙が重なっていくことで,生徒自身も達成感を得ることができるでしょう。

　その達成感が次の視写へのモチベーションとなります。

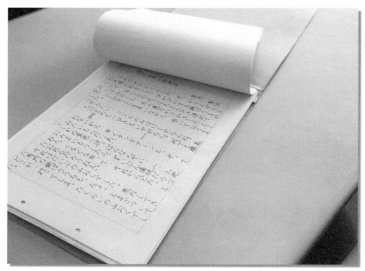

視写した作文用紙はB4ファイルに綴じて活用

アイテム活用

作品を俯瞰的に読めるようにする
ワークシート活用の技術

POINT

- 教材文全体を俯瞰できるワークシートをつくるべし！
- ワークシートにどんどん書き込ませるべし！

　教科書で読むことの学習を進めていくと，説明的文章でも文学的文章でも，現在読んでいる段落や場面，部分だけに意識が集中してしまい，教材文全体を意識しながら読むことが難しくなります。
　ここでは，教材文全体を１枚にまとめたワークシートをつくることで，全体を常に意識しながら俯瞰的に読めるようにする技を紹介します。

1 教材文全体を俯瞰できるワークシートをつくる

　教科書の教材文が全体で16ページの場合を例に説明します。
　まず，教科書見開き２ページをＡ５判（横）に縮小コピーします（全部で８ページにまとまります）。
　次に，縮小コピーしたものを，上半分に右から左へ１〜４ページ，下半分に５〜８ページと，上下２段に分けて配置します。
　そして，上下で１ページにまとめてＡ３判用紙にコピーしていきます（この例では，１ページ目と５ページ目，２ページ目と６ページ目…がそれぞれ１枚になり，全部で４ページにまとまります）。最後に，４ページを糊で貼り合わせていき蛇腹状にすると，教材文全体を見渡すことができるワークシートができ上がります。
　もちろん，他の配置でもよいので，ページ数などに応じて，いろいろ工夫

してみてください。

2 ワークシートにどんどん書き込ませる

　できあがったワークシートには，どんどん書き込みをしていきます。
　例えば，文学的文章ならば，冒頭のある部分とクライマックスのある部分に関連があることを示すために，該当箇所を鉛筆（または赤青鉛筆）で囲み，両者を線でつなぐことが考えられます。
　説明的文章ならば，キーワードを色分けして囲んでいくという活動が考えられます。
　その他にも，アイデア次第で，様々な書き込みができると思います。
　常に教材文全体を意識しながら書き込みが行えるので，俯瞰的に文章を読むことができるようになっていきます。

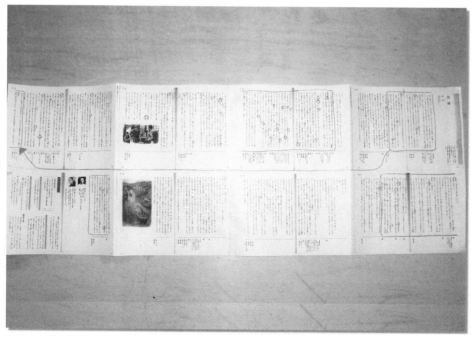

教材文全体を1枚にまとめたワークシート

アイテム活用

生徒の期待感や関心を高める写真活用の技術

POINT
- 写真を導入教材にして生徒をひきつけるべし！
- 普段の生活や旅行などでもアンテナを高く立てるべし！

1 写真を導入教材にして生徒をひきつける

　新しい単元の学習を始める際，「では，教科書○○ページを開いて…」とスタートするのが一般的ですが，「この写真には，どんなものが写っていますか？」と変えてみるとどうでしょう。生徒の目の色が変わり，一気に授業への期待感が高まります。

　花火に関する説明文であれば，花火が一斉に夜空に打ち上がっている写真，古典作品であれば十二単をまとった作者の絵の写真など，単元に合わせて写真を用意します。A3サイズで印刷をかけ，ラミネートをして，後ろにマグネットを貼っておけば，授業内で何度も，そして他クラスでも使えます。

2 普段の生活や旅行などでもアンテナを高く立てる

　普段の生活や旅行先などで，たくさん写真を撮りためておくことをおすすめします。風景の写真などは，意外と授業で使えることが多いものです。また，石碑などに記されている短歌や俳句は，同じ作者の作品が教科書に掲載されていることがあり，運がよければ教科書に載っている作品を発見できることもあります。作品や作家が，実際にその街の人々に愛され，大切にされていることがわかります。

単元の導入で写真を用意し，生徒の期待感を高めます

旅先の駅の構内にも教材が隠れていました

アイテム活用

穂先の動きをつかませるための 2種類の墨汁活用の技術

POINT
- 2種類の墨を使わせるべし！
- 墨の量に気をつけさせるべし！

　書写の学習は，習字・書道ではありません。毛筆学習は硬筆につながらなければならず，文字を整えて書く経験を授業の中で積ませるのです。

　そのための一例として，「穂先の動きに注意して書こう」という学習課題が設定されますが，穂先がどのような動きをしているのかフィードバックすることが難しいという問題があります。

　そこで，穂先の動きを視覚的にとらえさせる技を紹介します。

1　2種類の墨を使わせる

　指導するにあたって，全員の書いている様子は把握することはできません。教師はでき上がった作品で判断しなければなりませんが，どの生徒が穂先に気をつけて書いたのか，作品だけで判断するのは難しいことでしょう。そこで，生徒に使わせる墨を工夫するのです。

　具体的には，筆全体に薄墨を含ませた後，穂先のみに朱墨を含ませます。

　これで，書き上がった文字は全体が薄く，穂先の軌跡だけが朱くなります。教師がwebカメラなどを使って教室のテレビに映し，演示してあげると，穂先の動きのイメージがつくことでしょう。また生徒は，自分の字がどのような穂先の動きをしているのか，自己評価しながら文字を書くことができるでしょう。

2 墨の量に気をつけさせる

　穂先の動きを明確にさせるためには，薄墨と朱墨の量が大切です。
　２種類の墨を使うという経験がない生徒は，朱墨をつけ過ぎてしまいます。朱墨が多くなってしまうと，せっかくの穂先の動きが見えづらくなってしまいます。
　そこで，
「朱墨の量は，ほんの少しです。穂先が色づく程度にしましょう」
という指示を出します。
「穂先１cmが色づく程度」と具体的な数字にしてもよいでしょう。
　このように，墨の量をきちんと指示し，机間指導の際にも「もう少し少なく（多く）」といった個別指導を行います。

濃く見える部分が穂先の軌跡（朱墨）の部分です

アイテム活用

毛筆の筆を立たせて書くことを意識させる「水」活用の技術

POINT

- 墨汁の代わりに水を使わせるべし！
- 手本を下に敷いて写させるべし！

　毛筆学習で「筆を立てて書きなさい」という指示をしても，筆が寝てしまう生徒が少なくありません。
　そこで，筆を立てなければいけないと生徒が自覚して練習できるようにする技を紹介します。

1 墨汁の代わりに水を使わせる

　簡単な方法ですが，墨汁の代わりに水を使います。
　墨汁に比べて水はにじみやすいので，毛筆にたっぷりと水を含ませると，筆を寝かせて字を書けば，文字がつぶれてしまいます。
　そこで，
「文字がにじまないように，穂先と紙の接地面に気をつけて書きましょう」
と指示をします。
　筆が寝てしまうと穂先と紙の接地面が広くなり，文字がにじんでつぶれてしまうので，筆を立てて穂先を使う必要があるのです。これで，おのずと筆を立てる意識が高まってきます。

2 手本を下に敷いて写させる

　水で書ける水書布も市販されていますが，そういった特別なものを準備する必要ありません。むしろ，にじみやすい普通の半紙を使わせた方がよいのです。

　文字のポイントを理解させた後，手本を下に敷くと，写すことができます。その際，半紙に水で書くと，筆を立てることを意識しながら手本と同じ字を書くことができるようになります。

　墨を使用してしまうと2～3枚書くだけで手本が墨で汚れてしまいますが，水を使えばそういった心配はいりません。

　片づけも墨を使うよりも簡単です。

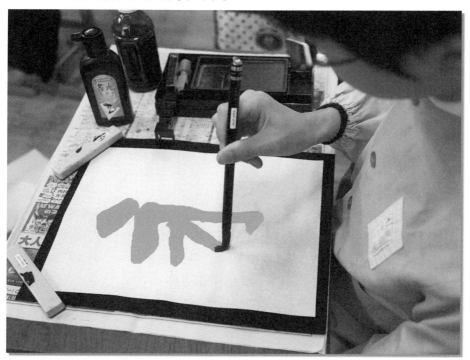

水書きで筆を立たせる意識を高めます（写真の文字は色づけしています）

発問

説明的文章をクリティカルに読ませる3つの問いの技術

POINT
- 目的を明確にして段階的に読ませるべし！
- 3つの問いを意識して精読させるべし！

1 目的を明確にして段階的に読ませる

　文章には，「はじめ」「なか」「おわり」といったように，論を展開するための構成が存在します。同様に，生徒が文章を読む際にも，構成（段階）を考え，目的を明確にして読ませたいところです。

　そこで，以下の3段階の読みを行います。第1段階は内容を大まかに理解するための「素読」，第2段階は言葉や文のつながりを理解するための「微読・音読」，第3段階は内容を深く理解するための「精読」です。

2 3つの問いを意識して精読させる

　素読は，文章全体をとらえるためのいわゆる初読です。それに対して，微読・音読は生徒の語彙力を確かめるための本格的な読みとなります。時には，スキャンのように，特定の言葉を検索しながら読む読み方も考えられます。

　精読においては，「なぜ」「たとえば」「ほんとに」という3つの問いを生徒自身に意識させます。形式段落の内容に応じて，「なぜ」「たとえば」「ほんとに」という問いを付して読んでいくのです。問いを付すことで，次の論の展開を予測したり，根拠として示されている事柄に対して批判的な視点で読み進めていったりすることができるようになります。

❶「なぜ」読み　　……理由，問いの発生

❷「たとえば」読み……例示の表出

❸「ほんとに」読み……論証・データ

クリティカルな読み方の定着

「精読」の3つの問い

メロスは激怒した。
→メロスはなぜ激怒したのか？
（「なぜ」の答えを探りながら読み進めていく）

「なぜ読み」の例（走れメロス）

　そして，私たちは歴史の記憶とともに生きている。
→たとえば，私たちはどのような歴史の記憶とともに生きているのか？
→ほんとに，私たちは歴史の記憶とともに生きているのか？
　（「なぜ」がつけられない場合は，「たとえば」「ほんとに」で読み直し，文章の要旨の理解に迫っていく）

「たとえば」読み，「ほんとに」読みの例（歴史は失われた過去か）

発問

生徒の発言をつなぐ
指示と発問の技術

POINT

- 教師の介入を最小限にするべし！
- 目的に応じて補助的な発問を投げかけるべし！

1 教師の介入を最小限にする

話し合いの際，できる限り生徒同士で発言をつなぐことができるようにするために，まずは，教師が生徒を指名して進めるのではなく，生徒が生徒を指名するようにします。「〇〇さんはどのように考えますか？」のように，指名の際のルール（話形）を共有するようにします。

教師は，生徒の発言を黒板に整理していきます。そうすることで，生徒に速記のモデルを示すことになります。

2 目的に応じて補助的な発問を投げかける

1に加えて，「〇〇さんと同じで」「△△さんとは違って」「□□さんの意見に加えて」など，友だちの発言をつなぐルールを共有していくと，さらに生徒同士の発言がつながりやすくなります。

しかしながら，それだけでは，話し合いを深めていくことはなかなかできません。そこで，その補助的な役割を教師が担うのです。具体的には，右ページのように，目的に応じて補助的な発問を投げかけ，生徒の発言をつなげたり，広げたり，収束させたりします。教師の発問が生徒の思考にどんな効果をもたらすかをはっきりと意識できるようになることが重要です。

拡張	考えるのはこれだけでよいでしょうか。
焦点化	もう少し絞ってみましょう。
視点転換	視点を変えて考えてみましょう。
逆思考	逆から考えてみましょう。
分類・整理	分けてみてはどうでしょうか。
再構成	もう一度まとめ直してみましょう。
付加	他につけ足すものはありませんか。
結合	何と何が結びつくでしょうか。
反復	繰り返しやってみましょう。
類推	これと同じだとしたら,どうなるでしょうか。
背理法	もし〜でなかったら,どうなるでしょうか。
合意形成	意見が分かれていますが,何かまとめるよい方法はないでしょうか。

教師の補助発問の例

発問

物語の基本情報に着目させる発問の技術

POINT
● 基本情報とは何かを確認しておくべし！
● 本文を見せず，聞かせるべし！

　どんな物語でも，内容を読み解くにあたり，基本的な情報を押さえておくことは大切です。生徒たちが，初読の段階からその視点をもって読んでいれば問題はありませんが，学習が始まって教師から促されてはじめて注意を払うのではいけません。

　適切な発問で，生徒たちに基本情報を把握する力をつけましょう。

1 基本情報とは何かを確認しておく

　基本情報なので，まずはきちんとそれぞれの意味を押さえておきましょう。

作者………物語を書いた人。（説明文なら「筆者」）
設定………登場人物，どんな人，いつの時代，季節，どんな場所。
登場人物…物語の場面に出てくる人物。人のように動いたり考えたりする生き物やものも人物という。
場面………物語の中で，人物のすることやまわりの様子が，ひとまとまりになっている部分。
山場………物語の中で，中心となる人物の考え方や登場人物の関係が大きく変わるところ。最も大きく盛り上がるところ。

2 本文を見せず，聞かせる

　ここでは，基本情報を把握する力を育てるための初読の指導場面を紹介します。ここでは，「発問」といっても，黒板に問いを列記し，次のように投げかけます。

　「先生が作品を読み聞かせます。みなさんは教科書は見ません。先生が読み終えたら，これらの問いの答えをノートに書き出しましょう。
　①作者はだれですか？
　②だれが出てきますか？
　③それぞれの人物像は？
　④いつの時代や季節ですか？
　⑤どんな場所ですか？
　⑥いくつの場面で構成されていますか？
　⑦山場はどこですか？」

　基本情報に視点を定め，教科書を見ないで聞かせることで，生徒は集中して取り組みます。
　もちろん，いきなり自力ではすべての問いに答えることは難しいでしょう。ですから，友だちと相談の時間を設けます。教科書がないからこそ，互いの記憶を頼りに真剣に話し合うことができます。
　そして，最後に必ず教科書で確認させます。本文を見ることで，あいまいだった点が明確になり，しっかりと基本情報を押さえられることでしょう。生徒同士の話し合いの中から，単元を貫くような課題が生まれるかもしれません。
　こうした経験を積んでいくことで，生徒に自ら読み解く力をつけさせていくことができます。

発問

キーワードに着目して
筆者の主張をとらえさせる発問の技術

POINT

- ●数値化して問うべし！
- ●登場回数で問うべし！

1 数値化して問う

　説明的な文章で，筆者の主張をとらえる手がかりとして「キーワード（重要な語句）」について考える場合があります。

　しかし，いきなり，
　「この文章のキーワードはなんでしょう？」
と問いかけても，あまりに抽象的で，国語が苦手な生徒はどのように見つければよいのか見当もつきません。

　そこで，
　　キーワード
　＝文章を読むうえで必要不可欠な言葉
　＝文章の中で繰り返し登場する単語
ととらえ，次のように発問してみます。

> 登場回数トップ３の単語はなんだろう？　探し出してみましょう。

　このように問うことで，苦手な子も見通しをもってキーワードを探すことができます。さらに，言葉を探す過程で文章を何度も行ったり来たりし，繰

り返し読まざるを得なくなるので一石二鳥です。

2 登場回数で問う

キーワードの登場回数だけあらかじめ示し，次のように問うという方法もあります。

> この文章の中で○回使われている単語（＝キーワード）を探しましょう。

教師側の準備として，文章を一度生徒の目線で通読し，生徒がどの単語に引っかかり，それが何回出てくるかを把握しておく必要があります。

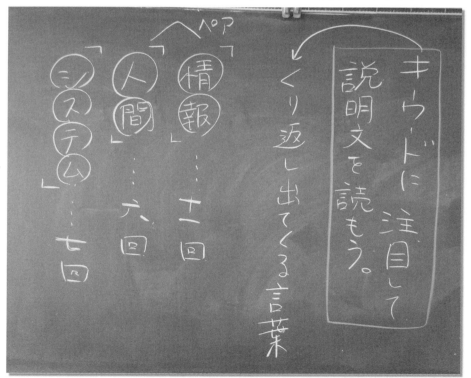

登場回数だけ提示しキーワードを探させます（上のキーワードは探し出した後書き加えたもの）

発問

指示が通りやすくなる「導入の導入」発問の技術

POINT
- 「導入の導入」を意識するべし！
- 意識を変えるちょっとした問いを投げかけるべし！

1 「導入の導入」を意識する

　授業の導入は，その時間の流れを方向づける大切な時間です。教師は，導入について様々な工夫をしますが，まずはバラバラになっている生徒の意識を授業に向かわせる，「導入の導入」をどうするかということが１つのポイントになります。ここがうまくいくと，指示が通りやすくなり，生徒の学ぶ姿勢も持続します。

2 意識を変えるちょっとした問いを投げかける

　では，「導入の導入」で何をするのかというと，生徒の周辺や教室の環境に気を配り，変化のあったことなどについて，ちょっとした問いを投げかけます。

　例えば，教室の掲示物が変わっていたら，掲示物を話題にします。席替えをしていたら，だれがどこの席にいったというようなことを教えてもらうのもよいでしょう。もっと簡単に，生徒に本時の準備物を問いながら，辞書や文房具が机上にそろっているか一緒に確認するだけでも構いません。

　いずれにしても，問いを投げかけることで生徒の意識を変えることがポイントです。

掲示物の変化は問いかけやすく、答えやすい話題です

準備物を問いながら一緒に確認するだけでも効果的

指名・発表

相手意識が育つ発表の技術

POINT

- あえて前に出ずに発表させるべし！
- 発表者の位置や向き，資料の持ち方への意見をもらうべし！

1 あえて前に出ずに発表させる

　発表する際に相手意識をもたせることは，聞き手を考えて伝える力をつけるうえで大切です。

　そこで，前に出て発表させるのではなく，グループ隊形の中で，あえて前に出ずに発表させます。前に出て発表をすると，全員と対面することになるので，話し手の意識が聞き手の方になかなか向きません。しかし，グループ隊形になっている状態で発表しようとすると，聞き手が様々な方向を向いているため，どこに立ち，どこを向いて，どう資料を持てばよいかを考えて発表するようになります。

2 発表者の位置や向き，資料の持ち方への意見をもらう

　発表する前に，話し手を移動させ，一度立ち位置を決めて，聞き手が自分を見ることができるか確認させます。発表後には，話し手の位置や向き，資料の持ち方等について聞き手に発言を促し，聞き手からどう見えていたかを話し手に知らせます。また，聞き手にそれらの観点を意識させることによって，話し手だけでなく，聞き手にも相手意識をもたせることができます。

まずは立ち位置を決めさせます

資料の示し方も重要なポイントです

指名・発表

指名のかたよりを減らす技術

POINT
- テンポよく次々と発言するような活動で使うべし！
- 番号と氏名を記入したカードをシャッフルして指名するべし！

　発問に対して，「意見のある人」「わかった人」と言って挙手を促して指名すると，どうしても挙手する生徒がかたよってきてしまい，いつも同じような一部の生徒の発言で授業が進んでしまうことになります。
　ここでは，そういった指名のかたよりを減らす技を紹介します。

1 テンポよく次々と発言するような活動で使う

　ここで紹介する技は，すべての授業場面に有効なわけではありません。テンポよく次々と発言していくようなタイプの学習活動には向いていますが，１時間の授業の中で１つの発問（課題）についてじっくりと話し合いを深めていくようなタイプの学習活動には向いていません。

　具体的には，次のような学習活動のときにおすすめの技です。
・１つの漢字から熟語をつくる。
・決められた語を使って短文をつくる。
・文法などで言葉集めを行う（品詞の具体例をあげていく）。
・書くことの学習で題材の例をあげていく。
・話題となっていることについて，知っている知識を発表していく。

2 番号と氏名を記入したカードをシャッフルして指名する

　準備は簡単です。名刺大のカードの表面に番号と氏名を１人ずつ記入し，学級全員分用意します。名刺入れや名刺スタンドに入れておくと，使いたいときに取り出せて便利です。

　生徒を指名するときは，トランプのようにシャッフルし，教師自身が１枚抜いて生徒たちに見せます。遠くからはもちろん見えませんが，教師が意図的にカードを選んでいないことを示すために行います。シャッフルを１回行ったら，指名が一巡するまでそのままにしておきます。

　時間に余裕があるときは，生徒にカードを引かせてもよいのですが，基本的に教師が自分で引いた方が時間がかからないのでおすすめです。

　カードを引いたら，番号と氏名を読み上げます。指名された生徒はすぐに答えるということがルールです。はじめのうちは時間がかかるかもしれませんが，慣れてくれば短時間のうちにたくさんの生徒が発言できるようになります。

　引き終わったカードは，裏返しにして教卓の上に重ねていきます。

　このカードを使うと次のようなこともできます。

　例えば，カードに書かれた番号だけを使って列指名ができます。教室の座席が６列ならば，１〜６のカードだけを使います。

　もちろん班指名もできます。全部の班が発表する場合，いつも１班から順に発表していくと不公平感が生じたり，次に発表する班が自分たちの発表内容を意識するあまり発表を聞くことに身が入らなかったりします。しかし，１つの班が発表するたびにカードを引くようにすれば，次に発表する班がわからないので，そういうこともありません。

　３人連続指名ということもできます。３枚連続でカードを引き，３人を指名しておいて，２人目に発表する生徒は１人目の生徒の発言を受けて「Ａさんと同じで（違って）〜」と発言し，３人目の生徒は「２人と同じで（違って）／Ｂさんと同じで〜」などと前の２人の発言を受けて発言させます。

指名・発表

生徒の発表に対する
不安を軽減する技術

POINT
- まずは自分の意見をノートにひと言で書かせるべし！
- 収集した情報のいいとこ取りで発表させるべし！

　どのクラスにも，自分の意見に自信がもてず，全体の場での発表に不安をもつ生徒が少なからずいると思います。
　ここでは，そんな発表に不安をもつ生徒たちが自信をもって発表できるようにするための技を紹介します。

1 まずは自分の意見をノートにひと言で書かせる

　授業中に教師が発問し，すぐに挙手をさせて，挙手をした生徒のうちの1人を指名して発表させる，という場面はよくあると思います。
　しかし，この方法だと，反応が早い一部の生徒は活躍することができても，発問に対してすぐに自分の意見をもつことが難しい生徒や，自分なりの意見はあっても自信がもてないために挙手しない生徒が出てきます。
　そこで，まずは自分の意見をノートに書かせましょう。中心発問でなければ，必ずしも長い時間をかける必要はありません。30秒から1分程度で，文章でなくひと言（単語やフレーズ）で書かせましょう。
　教師にとっては，生徒がノートに書いているときが机間指導のチャンスです。だれがどのような意見をもったのかを把握したり，鉛筆が動いていない生徒に助言をしたりするなど，有効に時間を使いましょう。

また，机間指導時に指名したい子のノートに赤ペンで○をつけ，「次，発表してね」と声をかけておくと生徒も自信をもって発表できるようになります。

2 収集した情報のいいとこ取りで発表させる

　ノートに意見が書けたら，次はペアやグループで意見を交流させます。
　ここでの交流は，自分の意見が十分にもてていない生徒には，「なるほど，このように考えればよいのか」と意見をもつきっかけになります。自分なりの意見をもっている子は，自分と同じ意見であったときには自信を深めることになり，違う意見の場合にはより多くの立場から考えるヒントを得ることになります。なお，この交流の時間も中心発問でない限り，30秒から１分程度でテンポよく進めていきましょう。
　ペアやグループのメンバー構成にも工夫が必要です。いつもペアは隣同士，グループは給食（生活）班では意見が広がりません。ペアの相手は，前後左右の席の子に加え，一定期間決まった相手とのペアをつくっておく，自由に席を立って相手を見つける，などの方法もあります。グループのメンバーとしては，ペアのときと同じように，座席での班とは別に学習班をつくっておく，「○人組」と指定して自由にその場でグループをつくる，などの方法があります。その際，メンバーを固定させないことで新鮮さを確保することに加え，交流の内容が複雑になりそうなときには，意図的なメンバー同士を組ませるなどの配慮も必要です。
　ここまでくると，発問に対する発表内容について，たくさんの情報がそれぞれの子どもたちのもとに集まっている状態になります。そこで，少し時間を取り，自分の意見を再構成させることで，発問即発表のときには不安でなかなか参加できなかった生徒たちも，発表に挑戦する意欲がかなり高まっているはずです。

板書

バランスよく文字を書く技術

POINT

- ●中心線を意識して書くべし！
- ●仮名は小さめに書くべし！

1 中心線を意識して書く

　黒板にマス目がある場合，その一つひとつに文字を入れていくと，全体のバランスが崩れてしまいがちです。そこで，マス目に文字を入れようとせず，線が文字の中心線となるよう，マスの中ではなく，線の上に文字を書くようにします。この方法で文字を書くと，文字のまわりを線で囲むときにも，文字と線の間に適度な間隔ができます。

　黒板にマス目がないときは，黒板の上と下に目印をつくっておいて，その線を中心線に見立てます。黒板に正面から向き合って書くと，マス目がなくてもあまり曲がらずに書くことができます。

2 仮名は小さめに書く

　マス目に文字を入れるとバランスが悪くなるのは，仮名が相対的に大きくなってしまうからです。同じ大きさのマスに目一杯文字を書くと，仮名や画数の少ない文字は大きく見えてしまいます。特にひらがなは丸みがあるので大きく見えます。

　そこで，仮名を小さめに書くようにすると，全体的にメリハリがあり，すっきりとした，バランスのとれた板書になります。

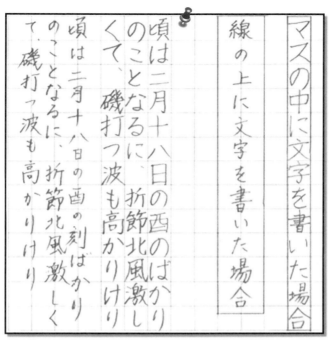

マスの中に文字を書いた場合と線の上に文字を書いた場合

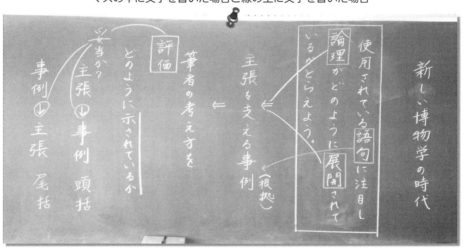

仮名は小さめに書くことを意識して

板書

まっすぐ文字を書く技術

POINT
- 黒板消しを活用するべし！
- 枠に目印をつけるべし！

　板書を丁寧に行いたいと思いながらも，文字が斜めになってしまうことがあります。そのようなときにこの技を覚えておくと便利です。

1 黒板消しを活用する

　黒板の文字を消した後，黒板消しで仕上げを行いましょう。ほんの少しの工夫です。黒板係がいれば，係の子にこのような指示を出します。
　「黒板消しを次の時間の授業が，横書きなら横に，縦書きなら縦に消すようにしましょう。最後は，黒板消し一つ分ごと，ずらしながらまっすぐ消してうっすら跡を残すように仕上げましょう」
　黒板消しの跡に合わせて書けば文字が斜めになるのを防ぐことができます。

2 枠に目印をつける

　文字を線で囲んだり，黒板に表を書いたりする際，1mものさしを使います。しかし1mでは足りず，継ぎ足しながら線を引くことがあると思います。ものさしが斜めになると線も斜めになり，見苦しい表になってしまいます。
　こんな事態を防ぎ，まっすぐに線を引くため，黒板の枠にほんの小さな目印をセロテープでつけておきます。1m間隔でつけておくと，改行のタイミングがわかり，課題やまとめを線で囲む際にきれいに書くことができます。

黒板係にまっすぐな消し跡が残るように消してもらいます

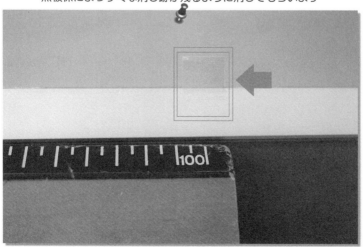

黒板の枠にセロテープで目印をつけます

板書

学習の見通しをもたせる技術

> POINT
> ●黒板の左側に1時間の学習の見通しを提示するべし！
> ●主だった活動を箇条書きで示すべし！

1 黒板の左側に1時間の学習の見通しを提示する

　学習の見通しをもつことは，地図をもつことと同じです。地図をもつことで経路がはっきりし，ゴールまでの道のりを安心して進むことができます。
　生徒に学習の見通しをもたせるとよい点が2つあります。
　まず，教師と生徒が1時間に行う活動を共有できます。共有することで学ぶべきこと，やるべきことが明確になり，生徒は主体的に学習に取り組むようになります。
　もう1つは，時間の効率化です。今の学習活動が次の何につながるのか明確になるので，生徒はすぐに取り掛かることができます。また，次の活動がわかっているので，学ぶべきこと，考えるべきことをしっかりと意識することができ，効率的に活動しようとします。

2 主だった活動を箇条書きで示す

　主な活動は短くまとめ，プレートにしておくことをおすすめします。生徒がひと目で学習の見通しがわかるようにすることが大切です。主な活動は1時間の中で4～5個程度にしましょう。それ以上でも，それ以下でも，時間配分が難しくなります。

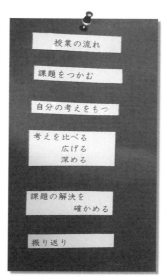

主な活動は短くまとめてプレートにしておきます

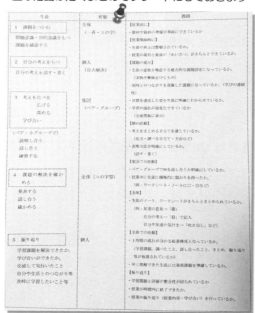

基本的な1時間の流れをまとめたもの

板書

大型テレビを活用した補助板書の技術

POINT
- 文字の大きさや太さ，文字の量に注意するべし！
- 生徒に意識させたい授業の重要ポイントで活用するべし！

1 文字の大きさや太さ，文字の量に注意する

　教室に設置してある大型テレビは，動画や写真を見せるだけでなく，プレゼンテーションソフトを利用すれば，板書の一部として使うことができます。また，一度つくっておけば，他クラスの授業でも使うことができます。

　パソコンからテレビへの出力になるので，テレビに映ったときの文字の大きさや太さ，文字量を，一番後ろの生徒が見えるかどうかチェックしておくことがポイントです。

2 生徒に意識させたい授業の重要ポイントで活用する

　大型テレビを使う利点として，生徒の注意をひきつけることができるという点があります。そのため，特に生徒に意識させたい授業の重要なポイントで活用します。

　例えば，授業の流れや活動の手順を示して理解させたり，主発問を投げかけ，文字でも示したりすることなどがあげられます。授業中ずっと示しておくこともできますが，どのタイミングで示せばよいかもしっかり考えておくと，より効果的な提示ができます。

> 筆者は，主張するために，どんな言葉を使っているだろうか。

端的にまとめ，一番後ろの席から読み取れるかチェックします

交流のしかた②

1　Aは残り、ほかの人は別の班に移動する。

2　Aはホワイトボードをもとに伝える。
　聴く人は、自分のワークシートにメモする。

3　自分の班にもどり，自分の班で出なかった言葉を共有し，ホワイトボード・ワークシートにまとめる。

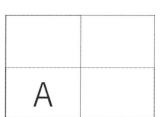

活動の流れを示したスライドの例

板書

詩の形式をしっかり
とらえる技術

POINT

- 内容に入る前に形式に注目させるべし！
- 反復と展開を見つけ，読み取りの共通の土俵をつくるべし！

1 内容に入る前に形式に注目させる

　詩の授業では，内容に踏み込む前に，詩の形式に注目することが大切です。形式への注目を「連」や「リフレイン」などの基礎知識の確認にとどめず，「どの言葉が詩のどこにどのように出てくるか」を丹念に見ていくことが効果的です。

　詩の全文を板書し，まずは1枚の絵を見るように詩をよく見てみましょう。

2 反復と展開を見つけ，読み取りの共通の土俵をつくる

　詩の形式といっても様々ですが，詩の基本は反復です。同じ言葉が繰り返されていくことで生まれる詩特有のリズムがあります。

　そこで，右ページ上の写真のように，板書した詩の同じ言葉に同じ印（色）をつけていきます。また，同じ言葉が繰り返されるだけでなく，少しずつ言葉が展開していきます。展開を含みながら反復していく詩の基本構造を確認しましょう。

　詩の形式は，目で見て客観的にわかることであり，生徒全員が共有できることです。その後に内容を解釈していくための共通の理解をつくることができます。

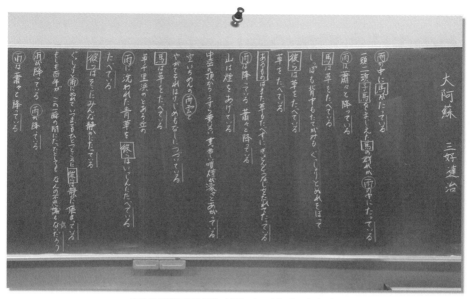

同じ言葉に同じ印（色）をつけていきます

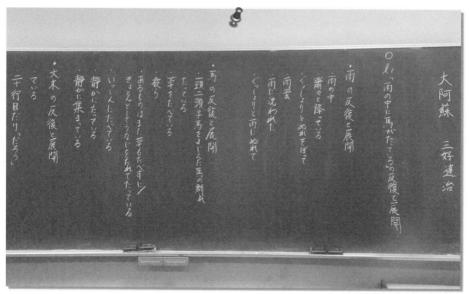

文末「だろう」のように反復されていない箇所を際立たせることも有効です

ノート指導

どの生徒も授業の振り返りをできるようにする技術

- 振り返りの観点は3つにするべし！
- 1つの観点について1行で書かせるべし！

1 振り返りの観点は3つにする

　振り返りを行うと，その時間に学習したことが自分の中で整理され，より学習効果が高まります。毎回，授業の最後5分間で振り返りを行います。でも「授業の振り返りを書いてください」と言うだけでは，何を振り返ればよいのかわからず，戸惑ってしまう生徒がいるはずです。そこで，「どのようにして課題を解決したか」「交流してわかったこと」「次の時間に行いたいこと」の3つの観点を示し，振り返りを書くように生徒に伝えます。

2 1つの観点について1行で書かせる

　振り返りをノートに書くときは，1つの観点について1行で書かせます。以下のような型を示しておくと，書くことが苦手な生徒も戸惑うことなく書けるようになります。

- ○○○という課題を，△△△することで解決することができた。
- ○○○さんと交流して，△△△ということがわかった。
- 今日学んだことを生かして，次の時間は○○○がしたい。

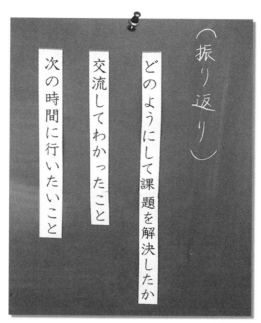

振り返りの観点を黒板に示しておきます

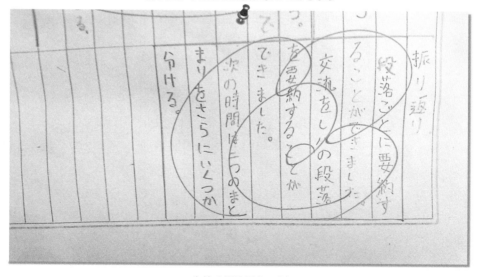

生徒の振り返りの例

ノート指導

どの生徒も書きたいテーマが見つけられる思考ツール活用の技術

POINT

- ウェビングマップを活用するべし！
- 1人はもちろん，グループやクラス全体でも取り組むべし！

1 ウェビングマップを活用する

　書く活動を行ううえで，テーマに合わせて内容を決めたり，自分の書きたいことを見つけたりするのは，なかなか難しいものです。そんなとき，生徒の思考を可視化するのに有効なのがウェビングマップです。ウェビングマップは，1つのテーマを決めて，連想できる言葉を並べ，放射状に広げていきます。真ん中にテーマを入れて様々な方向に広げていくことから，ウェビング（網状の）マップ（地図）というわけです。断片的な思考がつながるので，箇条書きよりもわかりやすくできます。

2 1人はもちろん，グループやクラス全体でも取り組む

　活動内容に応じて，様々な使い分けをすると，さらに効果的です。自分の思考を整理したいときには，ノートやワークシートに。グループでテーマについて意見を出し合いたいときは，Ｂ４判のコピー用紙や画用紙，ホワイトボードなどに。時には黒板の真ん中にテーマを書き，クラスの生徒全員でウェビングマップをつなげるのもよいでしょう。1人では思いつかなかった意見や，言葉同士のつながりなどが発見できます。

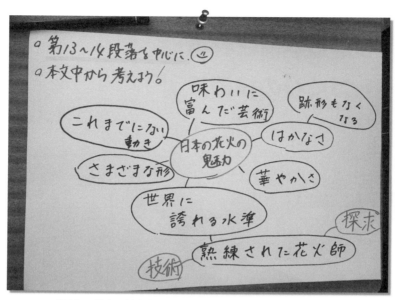

「日本の花火の魅力」について、意見文を書く際に使った例

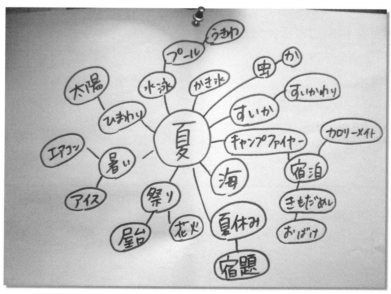

グループやクラス全体で行うと、様々な言葉が出てきます

> ノート指導

考えながら学習させる
ノートづくりの技術

POINT
- メモを視点ごとに色分けさせるべし！
- 1時間に3つ以上は書かせるべし！

　授業の中で，聞いている時間というのは意外と長いものです。聞いているときにどれだけ考えられるかで学習の理解は大きく変わってきます。そこで，日々の授業で主体的に話を聞き，考えながら学習に取り組めるようにするためにノートを活用します。

1 メモを視点ごとに色分けさせる

　ノートの下から5cm程のところに横に線を引き，メモ欄をつくります。メモ欄には授業中に気づいたことや気になったことをメモします。基本的に自由に書いてよい欄ですが，ただ「メモをしましょう」と言っても，何を，どのように書いたらよいかわかりません。

　そこで，メモを取るときの視点を提示し，色分けして書かせるようにします。

・赤…はじめて知ったこと，「なるほど」と思ったこと
・青…話を聞いて考えたこと，自分の意見
・黒…疑問に思ったこと，気づいたこと

2　1時間に3つ以上は書かせる

　1時間にそれぞれの視点で1つ，合計3つは書くようにさせましょう。最初は意識しないとなかなか書けないかもしれませんが，まずは意識させることが大切です。そうすることで，人の話をなんとなく聞くことがなくなるだけでなく，国語の時間以外でも考えながら聞く習慣が身につきます。

　さらに，書いたメモを整理して発表する，グループでメモしたことを交流するなど，メモを生かす場を設けます。同じ話を聞いていても異なる考えが出てくることを知り，考えを広げたり深めたりすることができます。

　また，机間指導のときにメモをチェックし，授業の核心に触れるようなことが書けていたら○をつけるなどして称賛しましょう。特に，国語が得意でない生徒が書けていたときには具体的にどこがよいかを伝え，全体で発表できるようなチャンスをつくりましょう。

　いつも同じようなメモになってしまいがちな生徒には，ノートを集めたときに，「○○と聞いて，疑問に思ったことはないかな？」「□と△ではどちらがよいと思った？」などのように具体的なコメントを書き込みます。

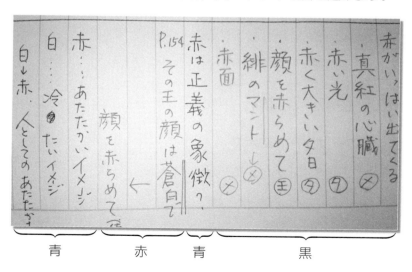

> ワークシート

作文を読み合う活動が深まる
ワークシートづくりの技術

POINT

- ●読み合う観点を明確にするべし！
- ●観点をワークシートに示すべし！

1 読み合う観点を明確にする

　授業で書いた作文を互いに読み合う活動として，書いた後に交流の時間を設けることがあります。その際に陥りがちなのが，ただ単に友だちの作品を読んで，よい点や改善点をなんとなく伝えるだけ，というものです。これでは，なぜよいのか，どうすれば改善ができるのかといったことがわかりません。そこで，授業（作文）の内容に応じて，読み合う際の観点を明確に示します。例えば，以下のような観点が考えられます。

①序論・本論・結論の三段構成になっているか（構成）
②説得力のある内容になっているか（内容）
③原稿用紙の使い方や誤字脱字，字数はどうか（形式）

2 観点をワークシートに示す

　上の観点を作文を書く前に提示すれば，どのような点に気をつけて書けばよいのかがわかります。

　さらに，生徒の手元に渡る交流用のワークシートの中にも「評価の観点」として入れておくことがポイントです。そうすることで，印象批評ではなく，観点に沿って交流，評価することができます。

交流を深めるためには明確な観点が必要です

左下の枠を1つ分使って評価の観点を示しています

学習課題

○他の友人の作品について

（　　）さん

（　　）さん

（　　）さん

（　　）さん

（　　）さん

○評価の観点
①三段構成（主張）・本論（根拠）・結論
②序論・説得力のある内容
③原稿用紙の使い方・誤字脱字・字数（360字以上〜400字以内）

（　　）さん

（　　）さん

（　　）さん

（　　）さん

○振り返り

> ワークシート

話し合いの方向性を見失わない
ワークシートづくりの技術

> **POINT**
> - 4人が自由に記述できるマトリクス図を活用するべし！
> - 対話と筆記が両立する「速記」を指導するべし！

1 4人が自由に記述できるマトリクス図を活用する

　話し合いを行っていると，話すことに集中しすぎて，ふと方向性を見失ってしまう生徒の姿を目にすることはないでしょうか。そんなとき，メモを残しておかないと，振り返ることができません。

　そこで，4人がそれぞれの方向から記述することができる「交流メモ」の出番です。自由に記述させてもよいのですが，マトリクス図を用いることにより，メモを取る分量を意識させることができます。

2 対話と筆記が両立する「速記」を指導する

　加えて，「速記」の指導を取り入れます。文字の記述の仕方には，それぞれ目的や意図があります。例えば，文字を丁寧に書く目的は，相手にストレスなく，的確にメッセージを伝えるためです。

　同様に，速記にも目的があります。それは，話し合ったり聞き取ったりした内容の中で，必要な部分を記録するためです。

　このように，目的に応じて書き方を変えてよいことに気づかせ，話し合い中のメモは，自分が読み取れる程度の文字で速記をさせるようにします。

```
交流メモ
     テーマ「              」
        年　組　班　メンバー：
 ❶                    │                    ❷
                      │
                      │
  ────────────────────┼────────────────────
                      │
                      │
                      │
 ❸                    │                    ❹
```

4人が自由に記述できるマトリクス図の例

【話し合いの手順】

①マトリクス図にテーマ，メンバーを書き，学習班の真ん中に置く。

②話し合う時間を決める。

③テーマに沿って話し合いを始める。

【話し合いのルール】

①「相づち，うなずき，称賛」の傾聴姿勢を保つ。

②話すときには，話すことに集中するとともに，簡潔性を意識する。

③聞くときには，①を意識したうえで，必要事項を速記する。

話し合いの手順とルールの例（どちらも最低限にとどめます）

> ワークシート

文学的文章の読み取りを効果的に行う
ワークシートづくりの技術

> **POINT**
> ●場面ごとに根拠となる表現を集められるようにするべし！
> ●集めた材料を分類できるようにすべし！

1 場面ごとに根拠となる表現を集められるようにする

　例えば、「走れメロス」で、メロスとデュオニスの人物像の根拠となる表現を集めさせます。根拠となる表現は多様で、またいろいろなところに散在しているので、場面ごとでしか見なかったり、ただ集めたりするだけに終始してしまいがちです。そこで、右ページ上のように、場面ごとに根拠となる表現を集めることができるワークシートを準備します。

2 集めた材料を分類できるようにする

　1で集めた材料を、一定の基準で分類します。
　メロスとデュオニスの人物像を考えさせたいので、今回はメロスとデュオニスを対比して分類します。そして、各人物ごとにさらに細かく、友情や信実への考えや、人を疑うことへの考えなどに、分類させていきます。分類してできたまとまりを基に、各人物について議論を促していきます。
　こうすることによって、根拠となる表現にしっかりと基づいて、それらをどう判断するのかを議論することができます。特に、読む力が低い生徒にはよい手がかりとなるはずです。
　右ページ下は、生徒に例示するまとめ方の一例です。

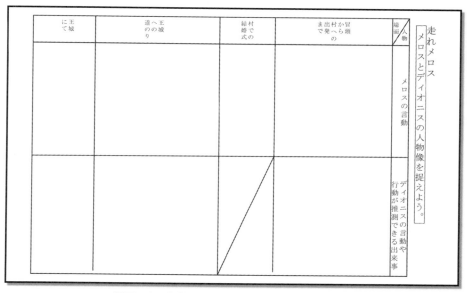

場面ごとに根拠となる表現を集めるワークシート

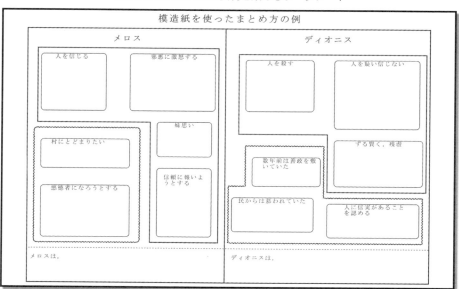

集めた材料を分類する一例

> ワークシート

聴き合いを促進する
ワークシートづくりの技術

- 他の生徒のもつ情報がないと成り立たない課題にするべし！
- 得た情報の集約と関連づけに四分割シートを活用するべし！

1 他の生徒のもつ情報がないと成り立たない課題にする

　双方向に相手の考えを受け止めたり，自分が知りたいことを相手から引き出したりする聴き合いに重点を置いて指導することは，学び合いの活性化につながります。そのためには，他者から情報を得ないと成り立っていかない課題にすると効果的です。そうすることで，自分のほしい情報を意識して他者の話を聞いたり，情報を引き出したりすることを学んでいきます。

　具体的には，4人グループの各自に別々の資料を渡し，それぞれ資料の内容をとらえさせます。そして，交流を通して4種類の資料に関係するところを見つけ，それに対する自分の考えをまとめる課題を出します。自分のもつ情報と自分にはない情報とをリンクさせるために，主体的に他者に向き合い，聴き合いながら情報を得ようとします。

2 得た情報の集約と関連づけに四分割シートを活用する

　四分割シートの1マスに自分の資料から得たことをまとめます。残りの3マスには，他3人に自分の得たい情報を引き出すように問いかけ，情報を聴き，情報をメモしていきます。ワークシートに得た情報を集約し，可視化することによって，情報の関連づけがしやすくなります。

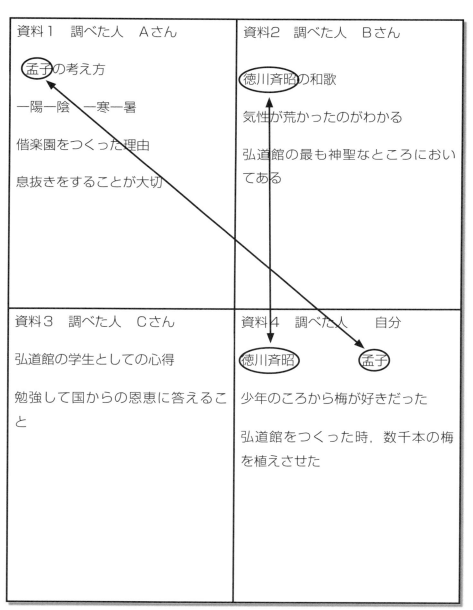

四分割シートの○は聴き合った情報を関係づけたところ

> ワークシート

苦手な生徒もスムーズに音読できる
ワークシートづくりの技術

POINT

- 句読点や文節など区切りのよいところで改行するべし！
- ワークシートの余白に書き込みをさせるべし！

　読み間違いが多い，途中で詰まってしまう，切るところとつながるところがうまくいかずぎこちない読み方になってしまう…など，どのクラスにも，音読が苦手な生徒がいると思います。ここでは，そんな音読が苦手な生徒たちも自信をもって音読できるようにする技を紹介します。

1 句読点や文節など区切りのよいところで改行する

　まず，教材本文のテキストデータを用意します。教科書会社の指導書には教材本文のテキストデータを収録したCDがついている場合が多いので，それを活用しましょう。

　次に，教材本文を右ページのワークシート例のように，改行していきます。基本は句読点で改行しますが，対象とする生徒の実態によっては，もっと細かく改行してもかまいません。注意点は，次の句読点までに文末で折り返さないように調整することです。

　この技の目的は，音読が苦手な生徒に音読しやすいワークシートを提供することです。その意味から，全員が同じワークシートではなく，音読や読み取りの力に応じて，様々な改行のワークシートを用意するとよいと思います。

　なお，次に示すワークシート例のように，一文が終わるまで行ごとに2文字ずつ文字を下げていくと，さらに読みやすくなります（一部例外あり）。

> 走れメロス
>
> メロスは激怒した。
> 必ず、かの邪智暴虐の王を除かなければならぬと決意した。
> メロスには政治がわからぬ。
> メロスは、村の牧人である。
> 笛を吹き、羊と遊んで暮して来た。
> けれども邪悪に対しては、人一倍に敏感であった。
>
> 　　　　　　　太宰　治

苦手な生徒もスムーズに音読できるワークシート

2 ワークシートの余白に書き込みをさせる

　今回の技を使ったワークシートでは，下の方に余白ができることが多いので，様々な書き込みに利用できます。

　例えば，音読をするときの注意点や友だち，教師からのアドバイスなどを書き込んでおくと，さらに音読がスムーズにできるようになります。

　また，気づいたことや考えたことなどを書いておくと，読むことの学習に役立てることができます。

> ワークシート

オノマトペの意味をとらえ，語感を育てるワークシートづくりの技術

> **POINT**
> - 意味の広がりを図を使って考えさせるべし！
> - 4人グループで活動させるべし！

1 意味の広がりを図を使って考えさせる

　オノマトペの意味を正しくとらえさせ，語感を育成するためには，大きな枠組みで意味をとらえられるよう図で可視化することが効果的です。そこで，右ページのような図を入れたワークシートを使い，言葉の意味の広がりをとらえられるようにします。図の右側には生徒がよく使う意味，左側には生徒があまり使わない意味，歴史的な意味を入れることによって，自分が知っている以外にも複数の意味があることに気づかせることができます。

2 4人グループで活動させる

　実際の授業では，多義のオノマトペを1つ取り上げます。その語がもつ意味を調べ，4人1組のグループで具体例とともに1人1つずつあげていきます（あげた意味が他の人と重なってしまってもよいこととします）。辞典を引いてそれぞれの意味を確認した後，図の中央のグレー部分には共通するイメージを，矢印部分にはどのように意味が派生したのかを書きます。このように，意味の広がり方や意味と意味との関連の仕方を考えることによって，多義語がもつ意味合いを正確にとらえることができます。
　また，オノマトペだけではなく形容詞でも応用可能です。

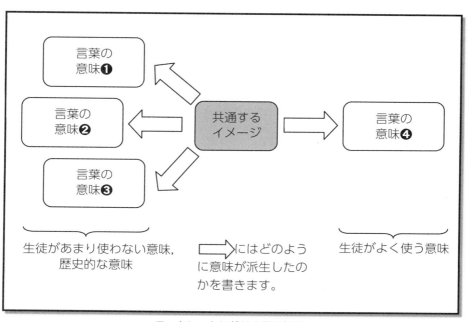

ワークシートに載せる図の解説

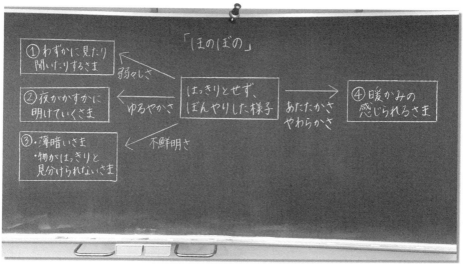

「ほのぼの」の意味の広がりをとらえた図

> ワークシート

苦手な生徒も文法学習に取り組みやすい
ワークシートづくりの技術

> **POINT**
> ●答えの数を示して問いかけるべし！
> ●小学校の教材文から問題をつくるべし！

1 答えの数を示して問いかける

　文法は他領域と比べて答えがはっきりしているにもかかわらず，苦手に感じる生徒が多くいます。

　そこで，答えの数を問いの文であらかじめ示した問題を作成します。例えば，複数の品詞を混ぜたグループの中から「名詞を３つ探しなさい」といった問題を提示します。答えが限定されることで，苦手な生徒も単語の共通点を探しながら，なんとか答えようとします。

2 小学校の教材文から問題をつくる

　品詞の見分けは文法学習の基本です。生徒が楽しく，かつ，十分な量の演習を行う工夫として，生徒が親しんだ小学校の教材文から名詞を探す活動をするのはどうでしょうか。生徒の学習の段階に応じて，あらかじめ教師が文節に分けたり，単語に分けたりしておくとよいでしょう。苦手な生徒には，個別指導の中で全部で名詞がいくつあるかを教えたり，自立語にチェックをつけたりすることで対応できます。

　他にも，新聞や一般の書籍などを活用することで，より日常と結びつけた文法学習をすることができます。

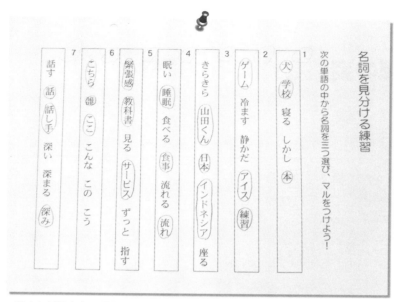

徐々に紛らわしい問題にしていくと生徒のつまずきのレベルも把握できます

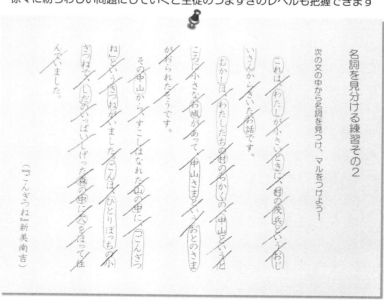

生徒の親しんだ小学校の教材文を用いることで取り組みやすくなります

> ペア学習

傾聴の姿勢を育てる技術❶

POINT
- 話を聞く構えをつくるべし！
- 色分けしてメモさせるべし！

　対話をするうえで，聞くことは必要不可欠です。聞くことによって，自分とは違うものの見方や考え方に触れることができるからです。
　そこで，生徒の傾聴の姿勢を育てる技を紹介します。

1 話を聞く構えをつくる

　話を聞くうえで構えをつくることは重要です。聞いているという姿勢を示すことで，話す側は「自分の話が受け止められている」と思い，安心して話すことができます。また，聞く側も自分と同じ考えや違う考え，思いつかなかった考えに触れることによって，自分の世界が広がります。
　話を聞く構えをつくるには，二者関係であるペア学習が効果的です。
　聞く構えとして，ペア学習で意識させる点は，次の3つです。
　1つめは，視線の合わせ方です。よく「相手の目を見て」と言いますが，実際に相手の目を見ると互いに緊張するので，鼻から口のあたりに視線を置かせるとよいでしょう。
　2つめは，身体言語です。私たちは無意識のうちに身体でメッセージを送っています。例えば腕を組んでよそ見をしていると「話を聞きたくない」という印象を与えてしまいます。相手が安心して話せるように，やや前かがみのリラックスした姿勢や表情で，体を相手側に向けさせます。

3つめは，うなずきです。相手の話をうなずきながら聞かせるようにします。ただ首を縦に動かすだけでなく，「うんうん」とか「そうそう」とか「なるほど」など声を出しながら聞くようにすると，話している相手が勇気づけられます。

2 色分けしてメモさせる

　自分が思いつかなかったことを相手が話したら，メモを取るようにします。
　話された言葉は，すぐに消えてなくなってしまいます。しかしメモをすることで，それらを残すことができます。
　見返したときに整理しやすいように，4色ボールペンを使い，色分けしながらメモを取るのがおすすめです。

青……自分が思いつかなかったこと
緑……相手の話を聞いて，自分が思いついたこと
赤……重要なこと
黒……重要ではないが，気になったこと

　最初のうちは，青のメモだけで構いません。ノートに青のメモが書けていたら「よく聞くことができたね」と称賛します。話を聞いていたことが生徒自身も視覚的に理解でき，教師に称賛されることによって，聞くことへの意欲づけにもなります。
　相手の話を聞いて，自分が思いついたこと（緑）は，たくさん書くように促します。質より量です。たくさんアウトプットすることによって，自分の考えを形成するための土台をつくります。
　一方，赤や黒は精選して使うようにします。赤は，文字自体を赤にするのではなく，一線や～線，◎や△などの記号を使うとよいでしょう。

ペア学習

傾聴の姿勢を育てる技術❷

POINT
- ●あえてメモを取らずに聴かせるべし！
- ●振り返りの時間を確保するべし！

　対話の基本は，聴くことにあります。まず，生徒たちの聴く力を鍛えるところから始めたいものです。ここでは，相手の考えを真剣に聞くことができるようにするために有効な技を紹介します。

1 あえてメモを取らずに聴かせるべし！

　4月の授業開き等，学習の導入で行います。意見が複数に分かれる問い，意見は2択でも理由や根拠が複数に分かれる問いを投げかけます。

　学習の導入であれば，即答できるものがよいでしょう。回を重ねるにつれ，ノートに考えをまとめるような問いへとレベルアップさせます。

　さて，意見をもたせた後，「隣の人の意見を聞きなさい」では，意見を聞き流すだけで終わってしまいます。

　そこで，以下のように指示を変えてみます。

　「隣の人の意見を，メモを取らずに聴きます。互いに聴き終わったら，座ります。起立」

　全員が座った後，次の指示を出します。

　「では，4人組になります。隣の人の意見を紹介してください」

　生徒は慌てます。「先生，もう一度」と頼む生徒も出てきます。

　「普段，私たちは意見を一度に2回も繰り返し話しますか？　話しません

ね。日頃から，一度で真剣に聞く態度が大切ですね。でも，今日はもう一度だけチャンスをあげます。メモは取らずに聴くんですよ」

「ところで，真剣に聞いていても，意見が聞こえなかったりわからなかったりしたら，どうしたらよいですか？」

「そう，質問する，聞き返すのですね。では，始めましょう」

もう一度ペアで確認した後，4人組になって伝え合わせます。

1人が「○○さんの意見は…だそうです。理由は…からです」と，別のペアの2人に伝えます。1組が終わってから，ペアを交代してそれぞれ伝え合います。

メモを取らずに伝え合うことには負荷がかかりますが，それだけ「真剣に聞く」ということの意味を，言葉ではなく実感をともなって体験することができます。

2 振り返りの時間を確保する

「メモを取らずに聴かなくてはいけない場面は日常生活の中にもありますね。大切なことはなんでしょうか？」

短い時間で書かせます。要点は何かを理解する，キーワードをとらえる，自分との共通点・相違点は何かを意識する…などが出てくるでしょう。

「ペアで隣の人に伝えてください。またその後，隣の人の意見を4人組になって伝え合ってください」

と，再度，同じ活動を仕組みます。

場合によっては，全体に向けて数組に発表させた後，聴いている生徒に振ってみるのもよいでしょう。

「発表した意見について，あなたはどう思いますか？　○○さんの意見に近いですか？　理由はなんですか？」

緊張感をもって学習に参加する必要が生じ，人の意見を真剣に聴こうという雰囲気ができていきます。

> ペア学習

理解しようとしながら
話を聞けるようにする技術

POINT

- 相手の話を発言させ，内容について質問させるべし！
- できる限り多くの生徒に発言させるべし！

　話を聞く必然性があるかないかで，話の聞き方はまったく違ったものになります。ここでは，聞くことに必然性をもたせることで，理解しようとしながら相手の話を聞けるようにする技を紹介します。

1 相手の話を発言させ，内容について質問させる

　ペア学習の目的の1つに，お互いの意見を交換し，考えを広げたり深めたりすることがあります。しかし，自分の意見とほとんど同じだったり，逆にあまりにかけ離れすぎていたりすると，お互いに意見を言いっぱなしで終わってしまうことがあります。

　そこで，ペア学習を始める前に，以下の3つを確認します。

- 自分の意見ではなく，相手の意見を発表します。
- 相手の代わりに質問にも答えます。
- 途中で相手に助けを求めることはできません。

　全体で情報交換をするときに，自分の意見ではなく相手の意見を全体で発言するわけですから，当然話をよく聞いて，話の内容について十分に理解していないと，自分の言葉として発言できません。

さらに，発言の後に内容について質問にも答えなくてはなりません。質問は生徒から出れば一番ですが，慣れるまでは教師が質問します。「はい」や「いいえ」で答えられる質問ではなく，「例えば？」「具体的に言うと？」など，広がりや深まりが期待できる質問をしましょう（教師が質問の仕方を見せることが，生徒の質問力向上にもつながります）。

　質問に答えるということは，表面的な理解ではできません。ですから，ペアで意見を交換するときにも，自分が聞くときにも，疑問に思ったことは質問し，納得しておくことが必要になります。この方法を繰り返していくと質問されるかもしれないことを予測して意見交換する生徒も出てきます。

　「途中で助けを求めることはできません」という条件をつけておくことで，とにかく真剣に話を聞かなくてはならない状況をつくります。

2 できる限り多くの生徒に発言させる

　せっかく相手の話を聞いても，発表の機会がないと生徒の意欲は低下してしまいます。特にこの学習方法が定着するまでは，できる限り多くの生徒に発言させましょう。

　中学生になると，自分の意見を発言することを嫌がる生徒が増えてきますが，このように友だちの意見を代弁する形を取ると，比較的発言がしやすく，挙手していなくても指名すれば発言できる生徒がほとんどです。少なくとも１週間の授業でクラスの全員が発言できるように，挙手した生徒以外も意図的に指名します。

　しかし，50分の授業時間で多くの生徒に発言させると言っても限界があります。活動時間が少ない授業のときは，「今日は廊下側の人が発表の担当です」のようにペア学習の前に伝え，発言者を限定してしまいます。つまり，ペア学習の話し手と聞き手という役割を指定してしまいます。

　ここで紹介したのは，あくまでもペアで情報交換したことを発言につなげる方法です。１時間の授業の中でこの方法だけで生徒に発言させることのないように注意してください。

ペア学習

ペアで説明文の内容を
つかませる技術

POINT

- ●段落ごとに担当を決めて覚えさせるべし！
- ●ノートに短くまとめて共有させるべし！

　中学校の説明文は，構成が複雑で，内容がなかなか頭に入らないという生徒が少なくありません。
　そこで，ペアでゲーム的な活動を仕組み，内容をしっかり意識できるようにしていきます。

1 段落ごとに担当を決めて覚えさせる

　この活動は導入で行います。できれば初読の段階で行うとよいでしょう。形式段落に番号を振った後，このような指示を出します。

「今から，記憶力ゲームを行います。
　ペアで，それぞれが担当する形式段落の内容を覚えます。
　覚えた内容をノートに書きましょう。
　覚える時間は，これから先生が範読をしている間です。
　教科書を見ても構いませんが，メモを取ってはいけません」

　その後，ノートに番号だけ書かせて，どちらがどの段落を担当するか決めるよう指示をします。
　準備ができたところで，範読を行います。生徒は，それぞれの形式段落に

何が書かれているか，真剣に覚えようとすることでしょう。
　一人ですべて覚えるよりも負担が少なく，また，内容確認のときに相談ができるので，ペアで活動すると効果的です。

2 ノートに短くまとめて共有させる

　続いて，ノートに内容をまとめさせるとき，いきなり「要約しましょう」ではどのように書けばよいのかわからない生徒が多く，時間もかかってしまいます。
　そこで，このような指示を出します。

「ノートに，各形式段落の内容を，他の人がパッと見てもわかる程度に短くまとめます。
　キーワードだけの箇条書きではいけません。
　文章にしましょう」

　時間を取ってまとめさせた後，各グループの内容を共有します。
　ノートを机上に置いて各ペアを見て回ってもよいですし，ペアの数が少なければ黒板に書き出してもよいでしょう。各グループの内容を検討することで，説明文の内容をより正確につかませることができます。
　初読以外，教科書は使っていません。
　最後に，

「それでは，どのような内容だったか教科書を見て確認しましょう」

と指示をすれば，生徒は内容をはっきりイメージしながら教科書を読むことができるでしょう。

| ペア学習 |

短時間で集中して音読できるようにする技術

POINT

- ●終わったペアから座らせるべし！
- ●順番をつけるべし！

　教科書の音読は国語の基本です。しかし，1人で音読させると，読めない漢字が出てきて頻繁に詰まったり，飛ばして読んでしまったりする生徒も出てきます。そこで，ここでは短時間で集中して音読する技を紹介します。

1 終わったペアから座らせる

　単元の導入で，教師が最初に音読し，生徒が追い読みをします。長い文章の場合，見開き2ページずつで切って，読めない漢字にルビを振る作業をしたりするとよいでしょう。

　その活動を終えた後，次の指示を出します。

「全員起立。『一文交代読み』をします。
隣の人とじゃんけんをしてください。勝った人から先に読みます。
○○ページ○○行目まで読みます。
隣がいない人は前後のペアと3人組で音読しましょう。
ペアで読み終わったら座りなさい。では，はじめ」

　「○○ページ○行目まで」と範囲を黒板に大きく書いておきます。そうすると，「先生，どこまで読めばいいんですか？」と聞き返されることがなく

なり，スムーズに音読に取りかかることができます。
　教師は，音読がしっかりスタートできているか，教室の真ん中前方から全体を把握します。教科書を持って読まない生徒への指示，姿勢の悪い生徒への修正，読めない生徒や協力しない生徒の脇に立って読み始めるまで待つときもあります。教室を一周して，全体の動きをもう一度把握します。

2 順番をつける

　一番早く終わったペアから順に，
「1番，2番，3番…」
と順位づけします。遅く終わったペアに対しても，
「最後までしっかり読み切って，すばらしい。大事なことですね」
とほめます。
「次はどのペアが早く読み終わるか，楽しみですね」
と締めくくりましょう。
　早く読み終わったペアに対しては，次の作業指示を出しておくことも大切です。簡単でだれにでも取り組めて，すぐに終わる指示を出すことがポイントです。そうすることで，早く終わった生徒が遊んだりしゃべったりすることを未然に防げます。
「早く終わった人は，意味のわからない言葉を辞書で調べましょう」
「新出漢字，○○，△△，□□を練習しましょう」（黒板に事前に書いておく）
　黒板に事前に単元名や課題を書いて，終わった生徒から写させるのもよいでしょう。
　毎単元行っていると，生徒への指示も，
「起立。じゃんけん。勝った人が先。○○ページ○行目まで（黒板に書いておく）。では，はじめ」
だけで，すぐに動き出せるようになります。
　こうして中学生でも楽しく音読ができるようになります。

> ペア学習

古文の音読を楽しみながら上達させる技術

POINT
- 導入で教師と生徒の追い読みを複数回やるべし！
- 読み終わったペアから座らせるべし！

　古文は，すらすら読むことができるようになると，内容理解に役立ちます。また，古文のリズムを味わったり，古文と現代語訳の対応に気づきやすくしたりするためにも，音読を繰り返すのは効果的です。ここでは，楽しくペア学習で古文を音読する技を紹介します。

1 導入で教師と生徒の追い読みを複数回やる

　「上の段が古文です。下の段が現代語訳です」
　生徒全員に古文と現代語訳の書かれているところを確認します。
　「先生が古文を読みます。みなさんは後について読んでください」
　教師「春はあけぼの」
　生徒「春はあけぼの」
　文節や句読点ごとに切りながら，テンポよく読んでいきます。
　教師「ようよう白く成りゆく山際」…
　「やうやう？」「ようよう？」とここで混乱が起きる可能性があります。このような，歴史的仮名遣いを読む際には，教科書の表示（小文字で読み仮名が振ってあるので，それを音読する）を，全体に説明しておいた方がベターです。事前に，歴史的仮名遣いと現代仮名遣いの違いについて，黒板で例示して説明する配慮も学年や実態に応じて必要です。

古文の追い読みがリズムよくできるようになったら，
「みなさんは古文を，先生は現代語訳を読みます。みなさんが先」
「先生が古文を，みなさんは現代語訳を読みます。先生が先」
と，テンポよく練習します。
また，指示の前には１回はほめてあげましょう。
「はじめてとは思えない。すごいね，○組。すらすら読めてる」
「まるで１人の人が読んでいるように，そろって読めてるね」
時間があれば生徒同士でも行います。
「次は男子が古文，女子が現代語訳。終わったら，交代。女子が古文，男子が現代語訳と順番を逆にして読みます」
これらを十分行ってから，ペア読みの指示を出しましょう。

2 読み終わったペアから座らせる

「起立。隣がいない人は，前後のペアの人と組んで，３人組で読みなさい。窓側が古文，廊下側が現代語訳を読みます。終わったら交代。全部で２回読んだら座ります」

　最初は読む順番を場所で指定します。机間指導の際，だれが古文を読み，だれが現代語訳を読むのか確認しやすいからです。ペア読みに慣れてくればじゃんけんバージョン（勝った人が古文，負けた人が現代語訳）も可能です。
　早く終わったペアから座らせます。教師は，座ったペアの方を瞬時に指し，「１番」「２番」…と順番を読み上げます。全員が座ったところでほめます。
「今日は○○さんと○○さんのペアが一番早く読み終わりました。さすがですね。次はどのペアが早く読めるでしょうか。すらすら読めるのは古文が得意になる第一歩です。みんなで早く読めるようにがんばりましょう」
　ただし，異常に早く読み終わるペアは，２回目の音読，役割を交代して音読したかどうか確認を取らないと，１回しか読まずに座っている場合があるので注意が必要です。

> 学習環境

単元のゴールを
掲示物に生かす技術

POINT
- ●単元のゴールはノートから離れるべし！
- ●作品づくりは小技を利かせるべし！

1 単元のゴールはノートから離れる

　国語では，学習を通して身につけた力を，どのように使いこなすかが重要です。そのため，意見文を書いたり，短歌を創作したりと，単元のゴールとして作品づくりを設定することは有効です。しかし，プリントやノートに作品を書き，提出して終了となりがちです。それではせっかくの作品がもったいないので，ぜひ掲示物として活用しましょう。単元の学習を始める際に，
　「今回の単元のゴールとして，創作した短歌を掲示物にします。よりよいものをつくっていきましょう」
と伝えておくと，生徒の取り組み方が変わります。

2 作品づくりは小技を利かせる

　例えば，短歌を掲示物にするときは，画用紙を短冊状に切ったものを用意します。さらに，平安時代に催されていた「歌合」を紹介します。和装に身を包んだ貴族が，札に筆でさらさらと和歌をしたためる情景を想起させることがポイントです。小筆（筆ペンでもよい）を使い，筆文字で作品を清書します。その他にも，空いている部分に絵をかく，色をつけたり，ペンネームを考える，など小技を利かせることがポイントです。

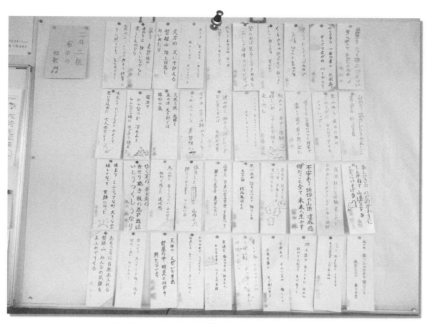

生徒がつくった短歌を教室背面に掲示した様子

宿泊共同学習の思い出を短歌にした作成例

学習環境

古典作品を身近に感じさせる技術

POINT

- 4人グループで季節を分担し、「マイ枕草子」をつくるべし！
- 歴史的仮名遣いを随所に盛り込ませるべし！

1 4人グループで季節を分担し、「マイ枕草子」をつくる

　古典作品は昔の文章というイメージが強く、あまり馴染みがないもの、と生徒に思われがちです。そこで、グループごとに「マイ枕草子」づくりを行います。清少納言の枕草子「春はあけぼの」の段は、春は夜明け、夏は夜、秋は夕暮れ、冬は早朝と、「1日の中でどの時間が好きか」というテーマで書かれています。それを参考に、グループで1つテーマを決め（「花づくし」「食べ物づくし」「色づくし」など）、4人で季節を分担して随筆を書きます。分量は4～5行程度でOK。全員の作品を画用紙に貼って完成です。グループ内で読み合ったり、完成したものを紹介し合う活動を取り入れたりすることで、季節の情景のとらえ方や、多彩な感性に触れることができます。

2 歴史的仮名遣いを随所に盛り込ませる

　随筆は、基本的には現代語で書いてよいことにしますが、枕草子に出てくる「いと」「おかし」「あはれなり」などの歴史的仮名遣いや、古文ならではの言い回しを可能な限り入れさせます。文末を「とてもきれいだ」から「いとうつくし」に変えるだけでも、ぐっと古文に近づきます。「その言葉を実際に使えた」というところが、歴史的仮名遣いに親しませるポイントです。

グループで作成した枕草子は、他のグループへ紹介します

「我が心まで染まりゆく」など、素敵な表現が使えています

学習環境

クラスの語彙が自然に増える掲示の技術

POINT
- ●中央にテーマを配置するべし！
- ●言葉を集める観点を4つに分けるべし！

1 中央にテーマを配置する

　あるテーマにかかわる言葉を集めるとき，1人で集めるよりもクラスのみんなで集める方がたくさん集まります。また，同じテーマでも連想する言葉はそれぞれ違うので，友だちがどんな言葉を書いたのかを知る楽しみがあります。

　そこで，言葉を集めるための掲示板を教室につくります。

　まず台紙の中心にテーマ（キーワードや絵，写真）を配置します。

　そして，生徒がテーマに関連すると思う言葉を付箋に書いて，周囲に貼ります。

　友だちの書いた付箋を見て，類義語などを加えていきます。教室に類義語辞典などを置いておくと，生徒は意欲的に書くのでおすすめです。

2 言葉を集める観点を4つに分ける

　言葉を集める際，あらかじめ観点を決めておくと，言葉が拡散しすぎるのを防ぎ，生徒の語彙力を育てるのにも効果的です。

　例えば，ある絵を見て感じたことに関する言葉を集めるときは「気持ちを表す言葉」「行動を表す言葉」「様子を表す言葉」「その他」とします。他に

も「色彩」「見た目」など,様々な観点をつくることが可能です。

また,付箋の色を観点ごとに変えると視覚的にわかりやすくなります。そして,類義語は————で,対義語は◆——▶で付箋同士をつなぎます。

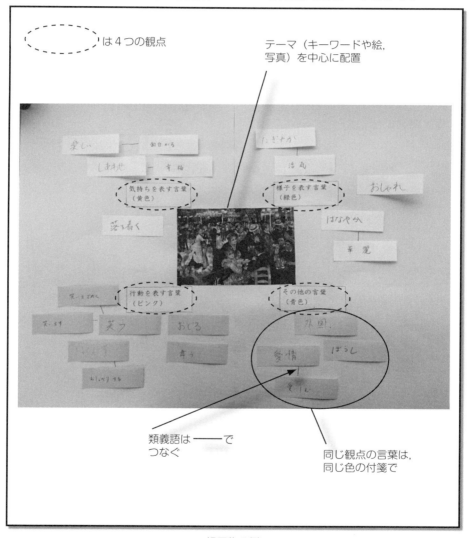

掲示物の例

> 学習環境

日常的に古典に親しませる技術

POINT
- 毎時間のはじめに古文を音読させるべし！
- 定期的にまとめをするべし！

　教科書で古典の教材を取り上げるのは，年に1度，1か月程度しかありません。その後古典に触れる機会がなければ，1年生のときに学習したことも2年生で学習するころにはすっかり忘れてしまいます。
　そこで，ここでは日常的に古典に親しませる技を紹介します。

1 毎時間のはじめに古文を音読させる

　古典の学習に抵抗を感じる生徒が多いのは，歴史的仮名遣いや古文の言葉の意味がわからないことが大きな原因です。そこで，国語の授業の毎時間のはじめに古文を音読し，古文の言葉遣いやリズムに親しませると，翌年の古典の授業を0からのスタートにさせずに済みます。
　生徒がもっている資料集等の中から，浦島太郎のようにだれもが知っている話を選ぶと，多少言葉の意味がわからなくても大まかな内容はわかっているので，生徒の負担が少なくて済みます。
　生徒になじみの少ない作品を選ぶときは，ユーモアのある話，百人一首のように短く，興味があればさらに学習を広げられる作品を選びます。最初に読むときは，簡単に意味の説明をしてもよいでしょう。
　内容を細かく理解させることが目的はではなく，あくまでも古典に親しませることが目的なので，内容には深入りしないようにしましょう。慣れてき

たら，生徒に作品を選ばせるのも効果的です。

2 定期的にまとめをする

　長い作品は，1分以内で読み切れる程度で区切り，1週間で次の部分を読みます。ひとまとまりの作品を読み終えたら，現代に伝わっている作品との違いを確認したり，感想を述べ合ったりします。

　また，百人一首の場合は10首程度読み終わったら，読んでいない何首かを加えてかるた取りを行うと，自分から進んで読んでいこうとする生徒が増えてきます。

　かるた取りは，次のように行うと短時間で大勢の生徒が楽しめ，なおかつ集中して取り組めます。

・1対1で行う。
・教師が読み上げる（学級の人数が奇数の場合，生徒から希望があればペアのいない生徒が読んでもよい）。
・取り札は半分ずつに分け，それぞれ自分から読めるように並べる。

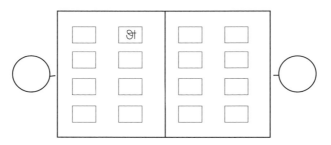

・相手側の札を取ったら，自分の側にある札を一枚相手に渡す。
・早く自分側の札がなくなった方が勝ち。

　この方法で行う場合は，事前に札を選んでおく必要があります。教師側で指定した札を生徒に抜き出させるようにすると，そこでも百人一首に親しむことができます。

> 学習環境

言葉に対する感度を上げる
名言集めの技術

POINT

- ●気になる言葉をメモする習慣を学級に定着させるべし！
- ●発信の場を確保するべし！

1 気になる言葉をメモする習慣を学級に定着させる

「この単元を学習して，好きな言葉，心に残った言葉をノートに書いておきましょう」

単元終了後にこう投げかけ，書く時間を確保します。

また，時間を取らなくても，気になる言葉があったらすぐにメモするよう声かけをするのも大事なことです。

道徳や学活の時間でも，名言が出たら，メモするように指導します。

係や当番にメモを割り振るのも効果的です。

2 発信の場を確保する

発信して，友だちの反応を得るのがうれしいという体験をたくさん重ねると，生徒は自発的に言葉を探したり，考えたりし始めます。

例えば，ミニホワイトボードに名言を書いて掲示してよいことにすると，係同士で呼応しておもしろいやりとりが始まりました（右ページ上写真）。朝の会のスピーチのテーマを，「自分の好きな言葉」や「名言紹介」として，それらの言葉を掲示したり，国語便りや学級便りで紹介したりするのもおすすめです。

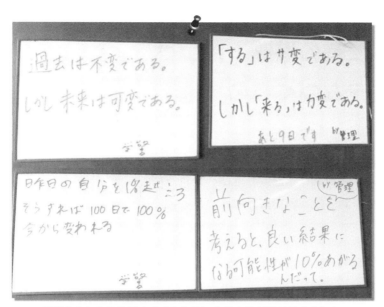

言葉を介した生徒同士のおもしろいやりとりが2日続きました

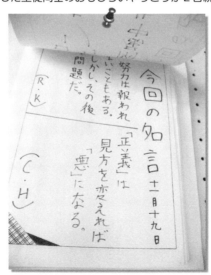

様々な名言が学級の言葉の財産になります

学習環境

書写授業の準備・片づけ
システムづくりの技術

POINT

- 「後は墨を入れるだけ」というところまで準備させるべし！
- 提出作品は生徒自身に紙ばさみに収納させるべし！

　書写は，生徒がグッドモデルとバッドモデルを見比べ，文字を整えて書くためのポイントを分析しながら学ぶ学習です。そして，練習を通して，自分の文字に立ち戻りながらポイントを学びます。こうした一連の学習を１単位時間で行うためには，時間をかけるところと省くところを明確にしておく必要があります。
　そこで，準備・片づけのシステムをつくっておきましょう。

1 「後は墨を入れるだけ」というところまで準備させる

　時間のかかる準備・片づけの時間を減らすことで練習に時間を割くことができます。授業開きの際，以下のように趣意説明をしておくことが大切です。

　「書写の学習をよりよいものにしていくために，準備と片づけには時間をかけません。
　ただし，いい加減な片づけをすると，次の書写の時間に影響してしまいます。効率よく行いましょう」

　準備は互いの机を離し，後は墨を入れるだけ，というところまで授業開始前に準備をさせます。墨を先に入れてしまうと，誤ってこぼしてしまうかも

しれないので，書く直前に入れさせます。

2 提出作品は生徒自身に紙ばさみに収納させる

片づけのシステムは以下の通りです。

・墨が多く残った場合は，ボトルに戻し，少ない場合は書き損じ半紙で拭き取る。
・大筆は，500mLペットボトルで洗い，筆拭き用の布で拭く。
・小筆は全部おろすと長持ちしないので，水で洗わず，書き損じ半紙に水を含ませ，筆の形を壊さないように墨を拭う。
・提出用の作品は，紙ばさみにはさむ。

時間がかかるのは，提出作品の取りまとめです。教師がやるのではなく，ものだけ用意しておいて，生徒自身にさせます。

そこで，提出用の紙ばさみをつくっておきます。新聞の背表紙をステープラーで止め，各見開きページに出席番号を書いておきます。生徒に自分の番号のところに作品をはさませることで，自動的に番号順に並び，しかも未提出の生徒も簡単に把握することができます。

新聞紙でつくった紙ばさみの実物

> グループ学習

グループ学習を活性化する
役割分担，位置関係づくりの技術

POINT

- 身につけたい力を明確にし，生徒にも提示するべし！
- 役割の交替や位置関係などにも配慮するべし！

1 身につけたい力を明確にし，生徒にも提示する

　グループ学習における役割を，話し手（話者），聞き手（聴者），書き手（記録）に分けてみます。話し手につけたい力は「理解要約」の力です。それに対して，聞き手につけたい力は「傾聴姿勢」「信頼性の確保」です。さらに，書き手につけたい力は「速記」の力です。このように，それぞれの役割により身につけたい力を明確にし，生徒にも提示することがポイントです。

2 役割の交替や位置関係などにも配慮する

　生徒は，やるべきことがはっきりすると，安心して学習を進めることができます。また，同じ役割を何度も繰り返すのではなく，話し手，聞き手，書き手の役割を順番に交替していき，飽きずに取り組めるようにします。

　さらに，それぞれの役割の位置関係も重要です。右ページ上の図のように，4人グループの場合，話し手の両隣の生徒が聞き手になると，話し手と聞き手の位置関係が三角形になって視点のずれが生み出され，対話しやすくなります。

　また，右ページ下のような思考ツールを効果的に活用するなど工夫して活動を行うことによって，さらに主体的に活動に取り組めるようになります。

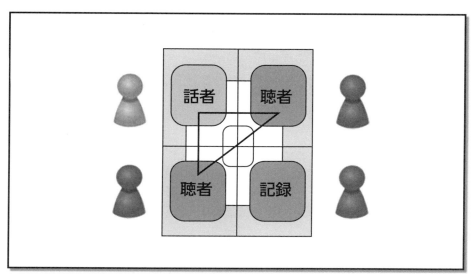

話し手と聞き手の位置関係が三角形になるようにします

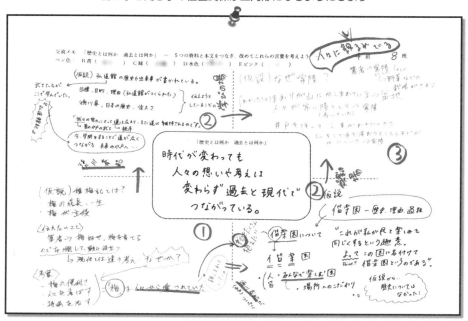

実際の授業で活用した思考ツール

グループ学習

話し合いを促進する
接続表現カード活用の技術

POINT

- ●話し合いで接続表現を意識して使用させるべし！
- ●接続表現カードを渡し，活用させるべし！

1 話し合いで接続表現を意識して使用させる

　自分の言いたいことを伝わりやすくしたり，聞きたいことを相手から引き出しやすくしたりするためには，接続表現を中心とした思考を促す表現を使うと効果的です。

　思考を促すための表現として，「質問」「補足」「反論」「集約」「分類」「比較」から必要な語彙を設定し，使用することは，話し合いの活性化につながります。

2 接続表現カードを渡し，活用させる

　授業中に行われる様々な話し合いの中で，接続表現を中心とした思考を促す表現を意識させるために，それらの語彙をカードにまとめ，各グループに渡します。

　話し合いの中で，カードの語彙を確認しながら使用していきます。カードの中からどのくらい使えたかを話し合いの終了後にチェックさせたりすると，さらに効果的です。

「質問」… なぜ どうして なんで
「補足」… 併せて 加えて そのうえ しかも
「反論」… 一方で 反対に 逆に
「集約」… つまり 要するに 言い換えれば
「分類」… 分けると 選別すると
「比較」… 比べると 対して

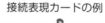
接続表現カードの例

カードの中からどのくらい使えたかチェックするのも効果的です

> グループ学習

付箋で考えを分類・集約させる技術

POINT
- ●自分が付箋に書いたことについて説明させるべし！
- ●集約する言葉に共通の表現を含ませるべし！

1 自分が付箋に書いたことについて説明させる

　グループで個人の考えを出し合い，分類したり集約したりする際，付箋を使うと効果的です。

　物語の登場人物の心情を探る場面を例にします。付箋を貼る台紙の中心に二重円をかきます。本文から登場人物の行動や言動，しぐさ等を抜き出して付箋に書きます。台紙に付箋を貼る際，付箋に書かれたことからどんな心情が考えられるか説明します。そうして付箋をカテゴリー化し，集約していきます。いくつかに集約されたら，それらの心情を二重円に書き，当てはまる付箋を周囲に貼ります。最後に二重円の中心に，登場人物の心情を１つにまとめます。

2 集約する言葉に共通の表現を含ませる

　付箋をカテゴリー化して集約する言葉に，「●●な心情」など，共通する表現を入れさせると，思考がまとまりやすくなります。最後に二重円の中心にまとめるときにも，表現しやすくなります。

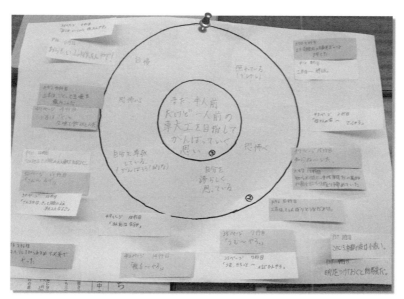

付箋を用いて二重円に登場人物の心情を分類・集約した様子

活動している生徒の写真

グループ学習

全員を主体的な学びに向かわせる
グループ再構成の技術

POINT

- グループ全員に説明の機会をつくるべし！
- グループの再構成の仕方に制限を設けるべし！

1 グループ全員に説明の機会をつくる

　自分の考えを広げるために様々な相手と意見交換をする手法として，グループを再構成する方法があります。4人グループに共通の課題を与え，グループで話し合う時間を取ります。そして，課題に対するグループとしての考えをまとめます。グループ内で1人だけ説明役としてグループに残り，残りの3人は，他のグループに移動して，他のグループの考えを聞いてきます。説明を聞き終わったら，再度自分のグループに戻り，聞いてきた説明を報告し合います。こうして，グループ全員に説明の機会をつくることで，課題に主体的に向かわせることができます。自分のグループで説明していた生徒も，間接的に他のグループの考えに触れることができます。

2 グループの再構成の仕方に制限を設ける

　グループを再構成する際の移動に，制限を加える方法があります。制限せずに移動させると，仲のよい生徒同士や再構成前のグループの生徒と同じグループになることがあり，効果が上がりません。そこで，「男子が座っていた席には男子が座る」「同じグループになったことのない人とグループを組む」などの制限を設けたりします。

まずは課題に対するグループとしての考えをまとめます

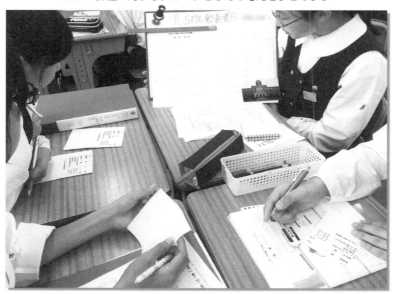

他グループで聞いてきた説明を元のグループで報告し合います

> グループ学習

調べ学習を高速化させる技術

> **POINT**
> ●調べる役割を分担させるべし！
> ●担当箇所について説明する場面をつくるべし！

1 調べる役割を分担させる

　グループで学習する場面は，国語のみならず，どの教科の授業にもあります。なぜグループで学習を進めるのかを生徒にしっかり示し，教師側の意図を説明することで，学習の効果が上がります。

　特に，調べる課題が多い場合，1人で調べるよりグループで分担して調べた方が効率よく学習できます。例えば，漢和辞典を使って漢字を調べる場合，1人で多くの漢字を調べると時間がかかるし，同じ作業の繰り返しなので飽きてしまいます。そこで，グループ内で調べる担当を決めて，授業の前半は各自で調べ，後半は調べた内容を持ち寄り，友だちに伝える学習をします。

2 担当箇所について説明する場面をつくる

　授業後半の，調べた内容を持ち寄り，友だちに伝える学習が，調べたノートを回して写し合うだけの時間にならないように注意したいものです。

　そこで，グループ内で各々が調べた内容について説明する場面をつくります。他の人に説明するには，自分自身が内容についてよくわかっていないといけません。説明する場面をつくることで，調べた本人の学習効果も高くなります。

調べた内容を持ち寄り，友だちに伝えます

説明の場面をつくることで，調べた本人の学習効果も高まります

グループ学習

話し合いを活性化させる
キラーフレーズ活用の技術

POINT

- 4月によい話し合いのイメージをもたせるべし！
- キラーフレーズの効果を確認するべし！

　反論や質問があってこそ，話し合いが活性化します。しかし，自然な流れに任せると，反論や質問が出づらい場合があります。
　ここでは，生徒が反論や質問できるきっかけとなるキラーフレーズ活用の技を紹介します。

1 4月によい話し合いのイメージをもたせる

　4月に学級全体で悪い話し合い，よい話し合いのイメージを共有する場をもちます。
　「悪い話し合いはどんなものか，今までの経験を基に発表してください」
　「沈黙する」「意見を言っても反応しない」「一方的に意見をまとめてしまう」など，ある程度自由に発言させます。
　「では，よい話し合いはどうでしょうか？」
　「意見が活発に出る」「意見を合わせて，よりよい考えが出るときがある」，「楽しい」といった意見が出るでしょう。そして，
　「よい話し合いにするためには，どんなところに気をつければよいでしょうか？」
と投げかけます。そこでの共通理解を基に，クラスの約束事を決め，「〇年〇組〇か条」などとして掲示し，時折確認するようにします。

2 キラーフレーズの効果を確認する

　約束事を決めるだけでなく，新たな考えを生む４種類の「キラーフレーズ」を使うことを奨励すると，より話し合いが活性化します。①仮説（もしも），②集約，③確認，④比較，の４種類です。「使えば使うほどよさがわかるので，話し合いで必ず１回は使ってみよう」と投げかけます。

　生徒には，下の表をラミネートしたＢ５判のカードを配り，話し合いのときに見られるようにすると，普段から活用するようになるでしょう。

【新たな考えを生むキラーフレーズ】
①仮説
　「もしも～だったら，どうなりますか？」
　「もしも～だったら，～の点でおかしくなりませんか？」
　「もしも～だったら，～になるかもしれませんね？」
　「もしも～だったら，～もできませんか？」
　「もしも～だったら，～とすればよいのではないですか？」

②集約
　「今までの話し合いから，共通の考えとして～になりませんか？」
　「今までの経験から考えると，～ということが考えられませんか？」
　「きまりから考えると，～と言えませんか？」

③確認
　「～について，いつでもそれはできますか？」
　「～ができない場合はないですか？」
　「～が変わるとどうなりますか？」

④比較
　「～と～を比べると，どちらがよいですか？」
　「～と～を比べると，どちらがより実現可能ですか？」
　「～のメリットとして何があげられますか？
　また，～のデメリットとして何があげられますか？」

グループ学習

明確な方向性をもって話し合いができるようにする技術

POINT

- カードで思考を方向づけるべし！
- 黒板にカードを掲示し，話し合いをコントロールするべし！

　なんの手立てもなく，「さぁ，話し合いましょう」と投げかけても，いたずらに時間が過ぎるだけで，実のある話し合いはなかなかできません。
　そこでここでは，明確な方向性をもって話し合いができるようにする技を紹介します。

1 カードで思考を方向づける

　グループで話し合いを行う際，「広げる」（情報を集める），「まとめる」（情報を整理する），「深める」（情報の価値を高める），の3つのうち，いずれの方向性で話し合いを進めるのかを明確にすることがポイントです。なんの指示もせずに始めると，話し合いの方向性が定まらず，話し合いが広がるでもなく，まとまるでもなく，深まるでもなく，中途半端のまま終わってしまいます。
　そこで，グループで話し合う場（机上）の真ん中に，「広げる」「まとめる」「深める」のいずれかのカードを置き，今自分たちの話し合いがどこに向かっているかをグループのメンバー全員が意識できるようにします。
　カードの大きさは4人グループでA5判程度がおすすめです。ラミネート加工すると長持ちします。
　「広げる」「まとめる」「深める」話し合いに慣れないうちは，下記のよう

なシートを見ながら話し合うとよいでしょう。

話し合いヒントシート

●話し合いを「広げる」（情報を集める）ために
　・もっとよい考えはないか？
　・別な見方をすると
　・Ａさんの意見につけ足して

●話し合いを「まとめる」（情報を整理する）ために
　・同じ（まとめられる）ものはないか？
　・どれが一番よいか？

●話し合いを「深める」（情報の価値を高める）ために
　・そう考える理由は？
　・予想される質問は（その答えは）？
　・予想される反論は（それに対する再反論は）？

---

2 黒板にカードを掲示し，話し合いをコントロールする

　例えば，36人の学級を４人グループに分けると，９グループが同時に活動することになります。グループごとに話し合いの進め方を任せてしまうと，グループ間の差が大きくなり，あるグループは話し合いが終わっているのに対し，あるグループはまだまだということもあります。
　そこで，グループ活動全体の時間から，授業者が前もってそれぞれの段階に時間を割り振り，黒板のカード（「広げる」「まとめる」「深める」）を貼り替え，次の段階に移る指示を出すことで話し合いをコントロールし，予定した時間の中で効率的に話し合えるようにします。

グループ学習

質問の質を上げる技術

POINT

- 話し合いを広げる言葉・深める言葉を提示するべし！
- 表に整理して掲示するべし！

1 話し合いを広げる言葉・深める言葉を提示する

　話し合いの中では，「他に」「例えば」など，より多くの情報を求めるための，話し合いを「広げる」言葉と，「なぜ」「どのように」など，意見に対して切り込む，話し合いを「深める」言葉があります。

　この，広げる言葉，深める言葉の違いを意識し，積極的に取り入れさせることで，生徒の質問の質が上がっていきます。

　また，話し合いに行き詰まったときは広げる，広がったら深めるなど，場面に応じて使い分けることも意識させます。

2 表に整理して掲示する

　話し合いを広げる言葉と深める言葉を，右ページ下の表のように整理し，教室に掲示しておくと，いつでも生徒が確認できます。

　学習を進めていく中で新しい言葉が見つかったときは，表に書き足すようにするとよいでしょう。

　また，生徒がすでに使っている広げる言葉と深める言葉をマッピングすることも効果的です。

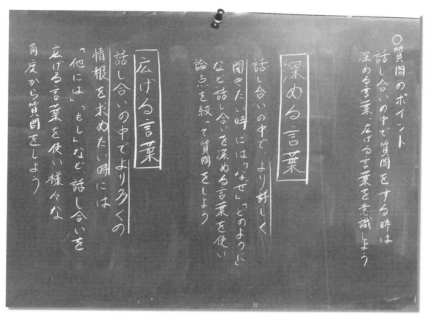

話し合いを広げる言葉・深める言葉の指導

広げる言葉	深める言葉
○それから	○なぜ
○他に	○どのように
○例えば	○どういうこと
○もし	○具体的には
…	…

具体的な言葉を書き込んで表にします

> グループ学習

一人ひとりの考えをつなげて
グループの意見をまとめさせる技術

POINT
- マッピングの方法を確認するべし！
- ルールを押さえ，グループで言葉をつなげさせるべし！
- サブテーマごとに話し合いをさせるべし！
- サブテーマごとにグループの意見をまとめさせるべし！

　グループでの話し合いでは，いつも意見を活発に出す，自分からはなかなか表現しない，人に言われるとすぐに納得してしまう…など，様々な生徒の個性が表れます。そのような多様な個性の生徒一人ひとりが考えをもち，意見を出し合える技を紹介します。グループのメンバー全員が自分の意見を出しつつ，最終的にまとめられた意見には全員の意見が反映される方法です。

1 マッピングの方法を確認する

　まず，マッピングの方法を確認します。1つのグループに大きめの白い紙を1枚用意します。真ん中にテーマを書き，○で囲みます。例えば，「メロス」などの登場人物名や，「温暖化」などの考えるべき題材です。
　そして，真ん中のテーマから連想する事柄を棒線で結びながら書いていきます。「メロス」なら「性格」「王」「心情」など，「温暖化」なら「原因」「二酸化炭素」「対策」などサブテーマとなるキーワードを最初に書きます。
　次に，それらの事柄から連想する言葉を次々につなげて書きます。どこからつなげてもかまいません。

2 ルールを押さえ，グループで言葉をつなげさせる

　1つのテーマにいくつかのサブテーマが書けたら，グループのメンバーそれぞれが異なった色のペンを持ちます（1つのグループは4人くらいがよいでしょう）。そして，1人が1つ，サブテーマから連想する言葉を書きます。次の人は，同じようにサブテーマからつなげて書きますが，前の人が書いた言葉からつなげてもかまいません。これを順番に行います。

　会話を深めるためには，以下の3つのルールを守ることが重要です。
①自分の言葉からつなげない。
②1人でいくつも書かない。
③友だちの言葉を消さない。

3 サブテーマごとに話し合いをさせる

　紙が埋まるくらい言葉が書かれると，いろいろな色が入り乱れて，つながっています。自分の言葉からまったく思いがけない言葉が連想され，書かれているかもしれません。

　そこで今度は，サブテーマごとに，どうしてその言葉をつなげたのかを確認していきます。単語が並んでいるだけの1枚の言葉マップが，コミュニケーションの入り口になります。話の苦手な生徒も，自分が書いた言葉を説明しなければなりません。そうすることで，何を考えているのかが他者に伝わりやすくなり，会話も深まります。

4 サブテーマごとにグループの意見をまとめさせる

　最後に，サブテーマごとに考えや言葉を集約し，グループとしての意見をまとめます。つながりにくい言葉は省いても構いませんが，なるべく多くの言葉をつなげながら考えを集約していきます。

　まとめられた意見は，だれか1人の意見ではなく，グループ全員の言葉が交じり合った意見になっているはずです。

宿題

短作文を書く力を育てる技術

> **POINT**
> - 字数は100字に限定するべし！
> - 3つのキーワードを示すべし！

1 字数は100字に限定する

　作文が苦手な生徒の中には，文字すら書こうとしない生徒もいれば，「書くことがない」と言う生徒もいます。そのような生徒に書く力をつけるには，短作文が効果的です。短作文は継続して書くことが大切です。生徒が負担なく書ける字数は100字程度です。これぐらいの字数であれば3～5分程度で書くことができ，宿題やちょっとした空き時間で行うことが可能です。

2 3つのキーワードを示す

　作文を書くのが苦手な生徒で一番多いのが，「何を書けばよいのかわからない」というパターンです。この場合，教師が書く方向性を示してあげると，安心して書くことができるようになります。そこで，作文の中に入れてほしいキーワードを3つ生徒に示します。その3つのキーワードが入っていれば合格点とします。最初は書く内容に関連するキーワードでよいのですが，徐々に文章の構成を意識するようなキーワードを入れるようにすると，作文を書く力が伸びます。文章全体の構成を意識するキーワードの例としてはナンバリング（「第一に，第二に，第三に，など」，手順（「まず」「次に」「最後に」など）事例（「例えば」「さらには」「だから」）などがあります。

（テーマ）
○
（キーワード）

年　組　番　氏名

一〇〇マスの作文用紙

（振り返り）
・90字以上100字以内で書けたか。
・三つのキーワードを入れることができたか。

短作文のワークシート例

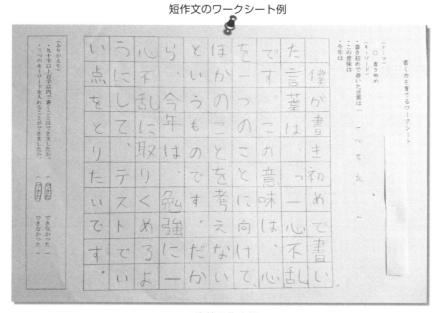

生徒の作文例

宿題

語彙を増やす
新出漢字習得の技術

POINT

- 新出漢字を使った文例（熟語）や関連語を集めさせるべし！
- 集めた文例等を整理してプリントにするべし！

　新出漢字を習得させるために，教科書に掲載されている２，３文字程度の熟語例を何度も繰り返しノートに練習させるといった方法がよく行われます。しかし，単調な練習の繰り返しでは学習意欲が持続しないばかりか，定着という点でも成果があまり期待できません。
　そこで，語彙を増やしながら新出漢字を習得させる技を紹介します。

1 新出漢字を使った文例（熟語）や関連語を集めさせる

　まずは宿題として，辞書や新聞，雑誌，本などから新出漢字を使っている文例や熟語，関連する文字（類義・対義）や語をノートに書いてくるよう指示します。その際，出典も書かせ，手間に応じてポイントを与えます（ポイントの扱いについては，成績への加点とするなど，生徒たちと話し合って決めるとよいでしょう）。

「狭」の例
①１ポイント
　狭い家

②1ポイント×8＝8ポイント

　狭　狭い道　狭き門　範囲を狭める　狭小
　↕
　広　広い道　広き門　範囲を広げる　広大

（国語辞典より）

　狭隘　狭軌　狭義　狭窄　狭小　狭心症　狭量　狭間

（漢和辞典より）

③3ポイント（新聞，雑誌，本などから）
　　自宅近くの狭い道を歩いていると，向こうから見知らぬ少年が歩いてきた。

（『小説等の作品名』より）

※辞典等の書名は，前もって申告しておけば「国語辞典」「漢和辞典」でよしとする。

2 集めた文例等を整理してプリントにする

　生徒から提出された，新出漢字を使った文例や熟語，類義や対義の文字を使った熟語等は，1文字につき1枚のプリントに整理して配付します。プリントは，紙ファイルなどに綴じて，必要に応じて活用できるようにしておきます。

　生徒は，プリントが配付されたら，プリントに掲載されている文例や熟語を1回ずつノートに練習していきます。

　新出漢字を使った様々な文例や熟語を読んだり書いたりすることを通して，語彙を増やしながら新出漢字を習得できます。

宿題

やる気を引き出し，達成感を味わわせる宿題チェックの技術

POINT

- 1年間の見通しをもち，終了したときの達成感を演出するべし！
- 可能な範囲で，オリジナルのチェック印を準備するべし！

1 1年間の見通しをもち，終了したときの達成感を演出する

　授業で終わらなかったからという理由で，「はい，あとは宿題ね」などと思わず言ってしまっていないでしょうか。生徒の「えーっ！」という悲鳴が聞こえてきそうです。

　1年間の学びを支えるための宿題と考えると，「やってよかった」を演出してあげたいものです。そこで，意図的に，1年後のゴールを見据えた宿題計画を与えてあげることを提案します。

2 可能な範囲で，オリジナルのチェック印を準備する

　例えば，1冊のテキストを学びの補充テキストとして準備します。その年間の計画表を準備します。枠に，ページを割り振っておき，教師自身がチェック可能な計画を立てます。走ることに例えるなら，全力疾走はいつまでも続けることはできませんが，ゆっくりなら，走り続けることは可能です。そのようなイメージで，教師，生徒が無理のない，しかし適度な負荷をもつ分量の課題を，生徒の実態に合わせて提示してあげるのです。途中挫折しそうな生徒を励ましながら，最後までやり遂げた達成感は格別です。

　筆者の場合，次ページに示すような計画表を準備し，2冊のテキストを目

的に応じて活用するよう指導しています。その際，オリジナルのチェック印を準備し，提出したページに押印します。

　さらに，計画表でページ数が示されている□の大きさに合わせたチェック印を準備します。生徒は自分が取り組んだページに／線を引きます。その上に，テキストを確認したうえで教師が押印します。学年が終わるころには，この計画表が印で真っ赤になります。

　この計画表をやり遂げた生徒には，さらにオリジナルの「終了証」のシールを添付します。生徒のコメント欄には，（途中では恨み言を書かれることもありますが…）達成感が爆発した様子のコメントを目にすることができます。

　読者のみなさんの取り組みやすい形で，ぜひ生徒の達成感を演出する宿題づくりにチャレンジしてみてください。

自主学習【国語 3年】　進度確認表　　学籍(　　　) 氏名

提出期間	徹底演習テキスト												国語の新研究（指定日に提出）	自分の取り組みへの一言感想	印
5/9〜5/12	4	5	6	7	8	9									
16〜19	10	11	12	13	14	15									
23〜26	16	17	18	19	20	21									
30〜6/2	22	23	24	25	26	27									
6〜9	28	29	30	31	32	33	34								
13〜16	35	36	37	38	39										
27〜30	40	41	42	43	44	45									
夏休み	46	47	48	49	50	51	52	53	54	55	56	57			
	58	59	60	61	62	63	64	65	66	67	68	69			
	70	71	72	73	74	75									
9/5〜8	76	77	78	79											
12〜15	80	81	82	83	84										
20〜23	85	86	87	88	89	90	91								
10/3〜6	92	93	94	95	96	97									
17〜20	98	99	100	101	102	103	104	105							
25〜28	106	107	108	109	110										
12/5〜8	111	112	113	114	115										
12〜15	116	117	118	119	120										
冬休み	121	122	123	124	125	126	127	128	129	130	131	132			
	133	134	135	136	137	138	139	140	141						
1/16〜19	142	143	144	145											
1/30〜2/2	146	147	148	149	150										
3〜6	151	152	153	154	155										

※ 提出について　提出週　月…1組　火…2組　水…3組　木…4組
　国語係が提出日を確認し，前日に呼びかける。朝のうちに国語係が集め，名前の順に並べて国語科研究室（赤いかご）に提出してください。
　必ず自力で解答した上で，○つけをして提出してください。提出する際には，終わったページに　／線　を引いておきましょう。

【執筆者一覧】

鈴木　一史（茨城大学教育学部）

石崎智恵子（茨城県水戸市立笠原中学校）
内川　美佳（つくばみらい市教育委員会）
開田　晃央（茨城大学教育学部附属中学校）
塩畑　貴弘（茨城県笠間市立笠間中学校）
髙木　輝夫（茨城県土浦市立中村小学校）
中村麻里那（茨城大学教育学部附属中学校）
比佐　　中（茨城大学教育学部附属小学校）
古川　理沙（茨城県筑西市立下館西中学校）
松田　和希（東京都あきる野市立西中学校）
矢崎　寛子（茨城県茨城町立明光中学校）
安　　暁彦（茨城大学教育学部附属中学校）

大内　　純（鈴木研究室）
田丸優太郎（鈴木研究室）

【編著者紹介】

鈴木　一史（すずき　かずふみ）
茨城大学教育学部准教授
群馬大学卒業，筑波大学大学院教育研究科修了。東京大学教育学部附属中等教育学校教諭等を経て，2012年から現職。
日本国語教育学会，解釈学会員。教育出版中学校国語教科書編集委員，NHK高校講座「現代文」講師など，学習者に密着した実践と理論の両活動を行う。「日本語コーパス」（BCCWJ）の作成に参画し，教科書コーパスなどの作成と教育的利用の研究を進める。現在もデータを用いた学習者の語彙分析を継続研究中。
（著書）
『中学校国語科　授業を変える課題提示と発問の工夫39』（単著，明治図書，2015年），『生徒がいきいき動き出す！　中学校国語言語活動アイデア事典』（編著，明治図書，2016年），『講座日本語コーパス4　コーパスと国語教育』（共著，朝倉書店，2015年），『広がる！　漢字の世界』全3巻（共編集，光村教育図書，2011年），『新レインボー言葉が選べる辞典』（編集委員，学研教育出版，2011年），『観点別学習状況の評価規準と判定基準』（共著，図書文化社，2011年）など

【著者紹介】
授業づくり研究会（じゅぎょうづくりけんきゅうかい）

今日から使える
中学校国語指導技術アイデア事典

2018年7月初版第1刷刊	©編著者	鈴　木　一　史
2019年11月初版第3刷刊	発行者	藤　原　光　政
	発行所	明治図書出版株式会社

http://www.meijitosho.co.jp
（企画）矢口郁雄　（校正）大内奈々子
〒114-0023　東京都北区滝野川7-46-1
振替00160-5-151318　電話03(5907)6701
ご注文窓口　電話03(5907)6668

＊検印省略　　　　　組版所　藤原印刷株式会社

本書の無断コピーは，著作権・出版権にふれます。ご注意ください。

Printed in Japan　　　　　　ISBN978-4-18-260628-1
もれなくクーポンがもらえる！読者アンケートはこちらから→

中学校国語科 授業を変える 課題提示と発問の工夫39

Suzuki Kazufumi
鈴木一史 著

144ページ／A5判／1,860円+税／図書番号：1847

学習課題と発問を通して，国語授業の本質に切り込む！

❶ 流れの中でわかる！

生徒が思わず考えたくなる**学習課題**と，その学習課題を生徒自身の問いに転化させるための**発問**を，中学校3年間の各領域を網羅した具体的な授業展開例の中で紹介。

❷ 比較して深まる！

やりがちだけど，実は授業を壊してしまう**「この場面で避けたい発問の仕方」**も，避けなければならない理由とともに各事例の中で解説。

Contents

事実はどこで，意見はどの部分ですか？
【話すこと・聞くこと／事実と意見を区別する】

読み手はどんなことを知りたいでしょうか？
【書くこと／叙述を直す】

擬音はどんな効果をもっていますか？
【読むこと／表現の特徴をとらえる】（オツベルと象）

「優しい」が意味するのはどんなことでしょうか？
【言葉の特徴やきまりに関する事項／言葉の変化をとらえる】

日常生活で同じような経験をしたことがありますか？
【古典／「徒然草」を読む】

ほか

明治図書　携帯・スマートフォンからは **明治図書ONLINEへ**　書籍の検索，注文ができます。▶▶▶

http://www.meijitosho.co.jp　＊併記4桁の図書番号（英数字）でHP，携帯での検索・注文が簡単に行えます。

〒114-0023　東京都北区滝野川7-46-1　ご注文窓口　TEL 03-5907-6668　FAX 050-3156-2790

＊価格は全て本体価格表示です。